Día

ο Rhodos

Agía
Pelagía

Pánormos   Bali
Pérama   Melidóni   Fódele   Rogdiá
Réthimno ★6   Savathianon   Iráklio ★1   Nírou
Adele   Pigi   Rogdiá   Amnissós   Cháni
Atsipó-   Míli   Margarítes   M. Chalépas   Ammoudára   Amnissós
poulo   Kiriána   Eleftherna ★4   Axós   Anógia   Knossós
Arméni   Rousópiti   Tilissos   Skotinó
Roústika ★7 M. Arkádi   Óros Ídi   Sklavokámpos   Korfés   M. Angaráthou   Mirtiá
oúpolis   Apóstoli   Psiloritis   Zoniáná   Archánes   Lyttos
Nomós Rethímnis   Four- 2456   Nída-   Káto   Pr. Ilías   Vathípetro   Kastélli
ia ★6 Mírthios   Spíli   fourás   Hochebene   Asítes   Venerato   Vóni   Thrapsanó
★1   Asómatos   Gerakári   Idéon   Rhizenia   Arkalochóri
Plakiás   Káto M.   Tal von   Ándron   M. Pafiani   Ág. Geórgios
ó M. Préveli   Préveli   Amari   M. Vron-   Epánosifi
Préveli   Akoúmia   Plátanos   dissi   Garipa
        Agía Galíni   Kamáres   Zarós   Nomós Iráklion
        Kókkinos Pírgos   M. Varsamónero   Górtis
            Timbáki   Míres ★3   Ligórtinos
        Agía Triáda   Vóri   Agii Déka   Protória   Mesochóri
    Kalamáki   ★3 Festós   Messará   Chárakas   Pírgos
Kómo   Kamilári   Plátanos
    Mátala   Pitsídia   Asteroússia Óri   Kófinas Óros
Paximádia   1231
    Laséa   M. Odigitría   Levín
    Kalí Liménes   Léndas

er

KARTEN UND PLÄNE

MERIAN
Reiseführer

Kreta

Ellen Katja Jaeckel | Giorgos Christonakis | Klaus Bötig

KALIMÉRA, KRETA!

DIE THEMEN DER INSEL

»Venetokratie« – die Venezianer auf Kreta 26 | Die Lyra – Seele der
kretischen Volksmusik 33 | Von Mythen, Mächten und Minoern 64 |
Mythos Mátala 98 | Kretas Ziegen – Ein Fall für die Europäische Union
108 | Achtung Schusswaffen! 124 | Freiheit oder Tod? – Die Explosion
von Arkádi 150 | Bei den Töpfern von Margarítes 154 | Die Welt zu
Gast im Bergdorf Amári 160 | Die deutsche Wehrmacht auf Kreta –
Der Vernichtungsfeldzug durch die Kédros-Dörfer 164 | Die Mittelmeer-
Diät: Vermächtnis der Großelterngeneration 174 | Raki – der Zauber-
trunk für alle Gelegenheiten 188

WANDERUNGEN UND AUSFLÜGE

Durch die Samariá-Schlucht 202 | Auf der Lassíthi-Hochebene 205

REGIONEN

PRÄFEKTUR CHANIÁ

Das Land der Weißen Berge bietet atemberaubende Schluchten und das kleine Paradies Loutró mit glasklarem Wasser. Karibisch muten die Strände von Bálos und Elafónissos an. Bildschön ist der Hafen von Chaniá, der am Abend zur beliebten Flaniermeile wird. Wer es etwas ruhiger mag, fährt nach Paleóchora.

Präfektur Réthimno

CHANIÁ

RÉTHIMNO

Präfektur Chaniá

PRÄFEKTUR RÉTHIMNO

Während Réthimno die sehenswerteste Altstadt Kretas besitzt, befindet sich im gebirgigen Hinterland die Geburtsstätte des Zeus. Und an der dünn besiedelten Südküste erstrecken sich zwischen Agía Galíni und Frangokástello einige der schönsten Strände Kretas.

PRÄFEKTUR IRÁKLIO

Die Inselhauptstadt und boomende Wirtschaftsmetropole Iráklio punktet mit dem sehenswertesten Museum der Insel. Die Ausgrabungen von Knossós, Mália und Festós gewähren spektakuläre Einblicke in die minoische Kultur.

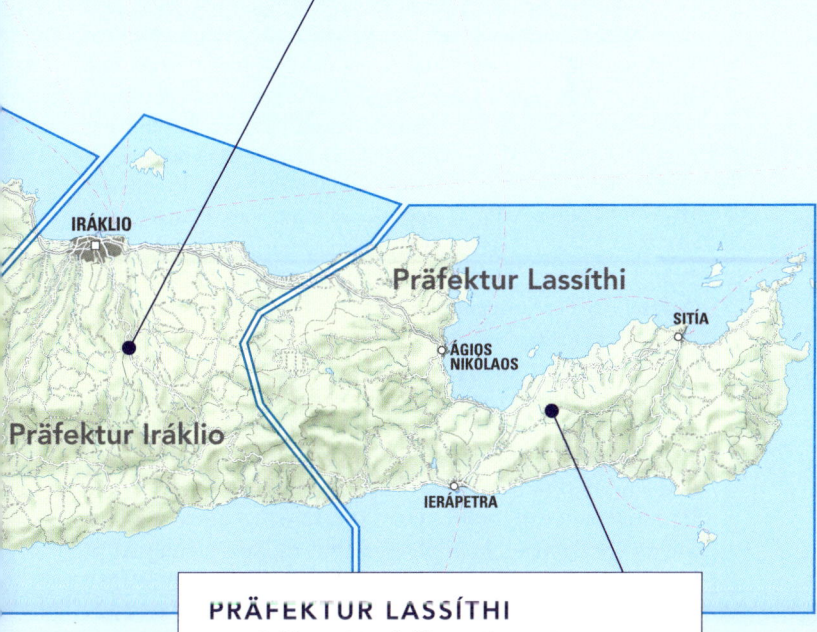

IRÁKLIO

Präfektur Lassíthi

SITÍA

ÁGIOS NIKÓLAOS

Präfektur Iráklio

IERÁPETRA

PRÄFEKTUR LASSÍTHI

Der Golf von Mirabéllo ist Kretas Riviera – mit edlen Hotels in Eloúnda und dem trubeligen Ágios Nikólaos. Ruhiger geht es in Sitía und Ierápetra zu. Der Palmenstrand von Väï und die Schluchtenwanderung durchs Tal der Toten gelten als Muss.

UNSER KRETA

Kreta ist eine Welt für sich: eingebettet zwischen Europa und Afrika, ein bergiges, in die Breite gezogenes Land zwischen dem Ägäischen und dem Libyschen Meer. Athen erscheint genauso weit weg wie Kairo, daran können auch die täglichen Schiffsverbindungen nach Piräus wenig ändern.

Um Kreta in seiner ganzen Breite kennenzulernen, braucht es Zeit, sehr viel Zeit. Seit 15 Jahren verbringen wir jedes Jahr viele Wochen auf der Insel. Wir bereisen sie zu Fuß, mit dem Schiff und mit unserem alten Auto, das dort parkt, rostet und uns jedes Jahr nach einer Verschönerungskur wieder treue Dienste leistet. Unsere Tochter haben wir auf Kreta aufwachsen sehen. Es gibt Bilder von ihr, auf denen sie sich an den Stängeln der Frühlingsblumen festhält, die über ihren Kopf hinausschießen. Bilder von Strandglück und Sommerglut, von Sonnenuntergängen, Schluchtwanderungen, Schafsherden, staubtrockenen Schotterpisten im August und sattgrünen Wiesen unter uralten Olivenhainen im Januar. Von dem flirrenden, einzigartigen Licht und dem tiefblauen Meer. Viele Freunde und Verwandte haben uns dort besucht, einige immer wieder, manche treffen wir nur dort, und mit ihnen sind wir kreuz und quer auf der Insel unterwegs gewesen, von Stadt zu Stadt, von Dorf zu Dorf, von Küste zu Küste, von Kirche zu Kirche, von Ausgrabungsstätte zu Ausgrabungsstätte. Einige enge Freundschaften verdanken wir diesen Aufenthalten. Unzählig die Stunden, die wir in Dorftavernen verbrachten und mit Gästen, Köchen und Wirten diskutierten, um dem Geheimnis der traditionellen kretischen Kochkunst auf die Spur zu kommen. Unzählig auch die Tage, die wir an so vielen Stränden der Südküste lesend, schwimmend, nichts tuend genossen. Unvergessen die Abende im Theater Erofíli auf der Fortezza in Réthimno. Wir haben auf Kreta Taufen, Hochzei-

> »Kreta ist ein Land inmitten des weindunklen Meeres.«
> (Homer, wohl 8. Jh. v. Chr.)

ten und Geburtstage gefeiert und uns teure Menschen zu Grabe getragen. Wir haben Herbststürme erlebt und uns durch unsere kretische Bibliothek gelesen, Früchte aufgelesen und zu Marmelade verkocht, wir haben unter der Hitze gestöhnt und im Winter den tiefsten, blauen Himmel genossen.

Der Sound Kretas, das Geschrei der Zikaden im Sommer und das Bimmeln der Schafsherden, der Duft der Bergkräuter und der Orangenblüte, die Würze des Thymianhonigs und Graviera, den wir nur beim Käsemeister unseres Vertrauens erwerben, der unvergleichliche Blick auf den lilafarbenen, majestätischen Psilorítis, wenn sich die Sonne verabschiedet und der Mond dahinter aufsteigt ... All diese Erlebnisse haben sich in unsere Herzen und unser Gedächtnis eingebrannt. Kreta, das ist für uns erste und zweite Heimat, Ursprung und Familie. Das sind unendlich lange, fast nicht enden wollende Sommermonate und noch so vieles mehr.

Und dennoch beschleicht uns nach jedem langen Aufenthalt immer wieder das Gefühl, dass wir diese Insel niemals ganz erfassen können. Zu groß, zu ausgedehnt, ein Universum für sich ist diese größte Insel Griechenlands. Darüber zu schreiben, erfasst uns mit Demut.

Giorgos Christonakis ist zwar ein gebürtiger Athener, doch im Herzen Kreter. Seine Frau **Ellen Katja Jaeckel**, die in Heidelberg geboren ist, kommt seit ihrer ersten Reise, gleich nach dem Abitur, nicht mehr von Griechenland los. Ein Eheleben, meinen die beiden, reicht auf keinen Fall, um die Insel Kreta wirklich kennenzulernen. Sie versuchen es seit nunmehr 30 Jahren ...

Ein Hauch von Karibik – frühmorgens hat man die abgelegene Lagune von Bálos mit ihrem weißen Strand und dem türkisfarbenen seichten Wasser noch fast für sich allein.

DER ERSTE BLICK AUF KRETA

★ MERIAN TOP 10

Das sind sie – die Sehenswürdigkeiten, für die Kreta über seine Grenzen hinaus bekannt ist.

1 Archäologisches Museum von Iráklio
Die größte minoische Sammlung der Welt – anschaulich und didaktisch hervorragend präsentiert. Eines der bedeutendsten Museen Griechenlands. → S. 62

2 Knossós
Von Fantasie beflügelt: Die Rekonstruktion der großen Palastanlage ist nicht unumstritten, aber perfekt als Einstieg in die minoische Hochkultur. → S. 77

3 Górtis und Festós
Górtis, die Hauptstadt Kretas zur Römerzeit, beeindruckt mit dem ältesten Gesetzeskodex Europas und einer frühchristlichen Basilika. Und von der nahen minoischen Palastanlage in Festós genießt man einen herrlichen Blick. → S. 88, 92

4 Samariá-Schlucht
Mit fast 17 km Länge ist der Canyon einer der längsten in Europa. Eine faszinierende Bergwelt und ein absolutes Muss für passionierte Wanderer. → S. 126, 202

5 Gramvoússa-Halbinsel
In leuchtenden Blau- und Türkistönen schimmerndes Wasser, eine unbewohnte Insel und ein Traumstrand: Ein Tagesausflug führt zur venezianischen Festungsinsel und zur paradiesischen Lagune von Bálos. → S. 134

6 Réthimno
Die schönste der kretischen Städte bietet einen spannenden Mix aus venezianischer und osmanischer Architektur – und reges Alltagsleben in den Gassen der Altstadt. → S. 138

Von der 1584 fertiggestellten Festung Gramvoússa (s. S. 134) aus kontrollierten die Venezianer einst die Meerenge zwischen Kreta und der Halbinsel Peloponnes.

⭐7 Kloster Arkádi

Geschichtsstunde: Im Hinterland von Réthimno liegt Kretas Nationalheiligtum und Hort der Freiheitskämpfer im Kampf gegen die Osmanen. → S. 149

⭐8 Bucht von Mirabéllo

Nomen est omen: So zauberhaft ist die Bucht im Osten Kretas nahe der Stadt Ágios Nikólaos, dass man sie einfach immer wieder bewundern muss. → S. 177

⭐9 Marienkirche Panagía i Kerá, Kritsá

Umgeben von Zypressen und Olivenbäumen, beeindruckt die Kirche mit ihren vergleichsweise gut erhaltenen Wandmalereien aus byzantinischer Zeit. → S. 182

⭐10 Lassíthi-Hochebene

Sie war einst berühmt für unzählige segeltuchbespannte Windräder. Diese Zeiten sind vorbei. Doch frühmorgens und spätnachmittags präsentiert sich die Hochebene als ländliche Oase voller Ruhe und Schönheit. → S. 183, 205

MERIAN EMPFEHLUNGEN

Ungewöhnliche Perspektiven, charmante Orte und feine Details versprechen besondere Augenblicke.

1 Strände bei Plakiás
Wer ist der schönste? Plakiás, Damnóni, Préveli, Ammoúdi, Mikró Ammoúdi, Schinária, Triópetra oder …? → S. 48

2 Boutique-Hotel Alcanea, Chaniá
Charmante Adresse – mit Blick auf den Hafen. → S. 112

3 Lagune von Elafónissos
Nur 50 m trennen Elafónissos von Kreta, das Wasser ist seicht und klar, das Gebiet unter Naturschutz gestellt. → S. 132

4 Archäologisches Museum von Eléftherna
Klein, aber oho! Didaktisch außergewöhnlich gut aufbereitete Sammlung der Funde von Eléftherna. → S. 153

5 Das Amári-Tal
Byzantinische Kapellen und traditionelle Dörfer. → S. 158

6 Restaurant Plateía, Mírthios
Frideríkos Kalogerákis tischt wahre Köstlichkeiten auf, vom Balkon blickt man auf die Bucht von Plakiás. → S. 171

7 Argiroúpolis
Sprudelnde Quellen, römische Mosaike, venezianische Torbogen, Bergluft und Naturkosmetik vom Feinsten. → S. 171

8 Taverne O Kípos tis Arkoúdainas, Argiroúpolis
Authentisch, ungewöhnlich, bunt: Im Zaubergarten der Taverne wird hervorragendes Essen kredenzt. → S. 172

Zauberhafte Motive bieten die byzantinischen Kapellen bei Amári (s. S. 158).

9 Noa Greenshop, Eloúnda

Grün und türkis sind Mode, Keramik und Schmuck. → S. 181

10 Mitsakákis, Sitía

Kretische Krapfen mit Honig und Walnüssen oder mit Eis und Schokolade: Die besten gibt's bei Mitsakákis in Sitía. → S. 187

11 Kloster Toploú

Schöne Ikonen, ein reizender Ort und Top-Weine. → S. 187

12 Palmenstrand von Väï

Es heißt, Piraten hätten einst Dattelkerne ausgespuckt, so sei der Palmenhain von Väï entstanden. → S. 190

13 Palékastro

Kretas Surferparadies schlechthin. → S. 191

14 Tal der Toten

Zwischen hohen Felswänden verläuft ein oleandergesäumter Weg zum Strand von Káto Zákros. → S. 193

15 Chrissí (Gaidouroníssi)

Die »Goldene Insel«, 14 km südlich von Ierápetra, ist berühmt für ihre Muschelstrände. → S. 199

KRETA KOMPAKT

Amtssprache: Neugriechisch
Einwohner: 623 000
Fläche: 8261 km², inklusive kleiner Inseln 8336 km²
Größte Stadt: Iráklio hat rund 140 000 Einwohner, gefolgt von Chaniá mit etwa 55 000 Einwohnern
Kleinste Stadt: Sitía, ca. 9300 Einwohner
Höchste Erhebung: Psilorítis (2456 m) im Ida-Massiv
Währung: Euro

Insel zwischen Kretischem und Libyschem Meer

Kretas Größe entspricht samt umliegender kleiner Inseln etwa der Hälfte der Fläche Thüringens. Die Küstenlinie umfasst 1066 km. Die Insel ist nach Sizilien, Sardinien, Zypern und Korsika die fünftgrößte im Mittelmeer, wirkt jedoch aufgrund ihrer Länge von ca. 260 km Luftlinie deutlich größer. Um vom westlichsten zum östlichsten Punkt zu gelangen, benötigt man etwa 5–6 Autostunden. Kreta hat zwei Hochgebirgszüge, ein Mittelgebirge, mehrere Hochebenen und mehr als hundert Schluchten.

Telefon

Die **Vorwahl nach Griechenland** ist: 00 33. In Griechenland müssen die **Ortsvorwahlen**, die mit einer 2 beginnen, auch aus dem Ortsnetz mitgewählt werden, z. B. in Iráklio 28102. Die griechischen Mobilfunknummern beginnen mit einer 9.

Kunst und Kultur

Die erste europäische Hochkultur befand sich auf Kreta. Die **minoische Kultur** wird in die Vor-, Alt-, Neu- und die Nachpalastzeit eingeteilt und reicht nach Sir Arthur Evans, dem britischen Archäologen, von ca. 2600–1100 v. Chr. Die Ursachen für ihren Untergang sind vielfältig: darunter Naturkatastrophen und die Verlagerung wirtschaftlicher Interessengebiete. Der **Palast von Knossós**, von A. Evans rekonstruiert, ist eine der Hauptattraktionen auf Kreta. Doch auch Byzantiner, Venezianer und Osmanen haben ein reiches architektonisches Erbe hinterlassen, das sich in Kirchen, Moscheen und Altstadtensembles widerspiegelt.

Bis heute spielt die Kirche im gesellschaftlichen Leben der Griechen eine große Rolle, liebevoll werden die Gotteshäuser, wie hier in Réthimno, gepflegt.

Universitäten an der Küste

Die 1973, noch in der Zeit der Junta gegründete Universität Kreta hat zwei Standorte mit 16 500 Studierenden: einen naturwissenschaftlichen Campus in Iráklio und einen geisteswissenschaftlichen in Réthimno. Seit 1984 besteht die Technische Universität Chaniá, an der 3400 Studierende eingeschrieben sind.

Griechisch-orthodox

96 % der Kreter sind orthodoxe Christen. Nicht immer war die Konfession so homogen auf der Insel. Bis zum Bevölkerungsaustausch mit der Türkei 1922 lebten noch viele Muslime auf der Insel – Nachkommen der Osmanen, die 1669 die Insel erobert hatten. Das Christentum ist seit der Mission des Apostel Paulus auf der Insel fest im Alltag verankert. Paulus setzte seinen Schüler Titus zum ersten Bischof der Insel ein. Títos ist bis heute ein beliebter Männername auf Kreta. Zahlreiche Kirchen und Kapellen sind nach dem Adressaten der Titusbriefe benannt.

Neugriechisch, aber mit besonderem Dialekt

Neugriechisch mit kretischem Einschlag! Da Dialekte im Neugriechischen im Allgemeinen nicht sehr stark ausgeprägt sind, ist die kretische Mundart tatsächlich etwas Besonderes! Sie wird in der täglichen Kommunikation, in der Dichtung und im Lied gepflegt, ist aber keine Schriftsprache. Auffällig ist die Aussprache des K vor »i« und »e« wie ein italienisch anmutendes »Tsch«.

Die meisten kretischen Namen enden übrigens auf -ákis: Mitsotákis, Papadákis, Chatzidákis … Die Verkleinerungsform stammt aus osmanischer Zeit und sollte die christliche Bevölkerung namentlich erniedrigen. Das ist allerdings nicht gelungen. Die Kreter tragen ihre Namen mit Würde und Stolz.

Achtung Gegenverkehr und Tiere auf der Straße

Behalten Sie die Nerven, vor allem auf der Nationalstraße. Trotz häufiger Radarkontrollen wird viel zu schnell gefahren, die Überholmanöver sind gewöhnungsbedürftig. Nachts ist die Beleuchtung schlecht. Abzweigungen werden meist erst im letzten Moment ausgeschildert. Ein GPS-System leistet gute Unterstützung. Vorsicht auch bei den Bergpässen: Schafe, Ziegen, Steinschlag und Serpentinen zwingen Autofahrer zu höchster Vorsicht. Ohne Auto bleibt die Entdeckung Kretas jedoch bruchstückhaft.

Klima (Mittelwerte)

	Januar	Februar	März	April	Mai	Juni	Juli	August	September	Oktober	November	Dezember
Tages-temperatur	16	16	17	20	24	28	29	29	27	24	21	17
Nacht-temperatur	9	9	10	12	15	19	21	22	19	16	14	11
Sonnen-stunden	3	5	6	8	10	12	13	12	10	7	6	4
Regentage pro Monat	12	7	8	4	2	1	0	0	2	6	6	10
Wasser-temperatur	16	15	16	16	19	22	24	25	24	23	20	17

Nebenbei bemerkt
Schafe und Ziegen: Über 1,5 Mio. Schafe und 600 000 Ziegen wurden zuletzt auf Kreta gezählt. Für jedes Tier gibt die EU eine stattliche finanzielle Unterstützung (→ S. 108).

Das lieben die Kreter: Den Tresterschnaps Raki – nicht wundern, wenn man schon vormittags auf ein Gläschen eingeladen wird (→ S. 188).

Einige bekannte Kreter:
Jennifer Aniston (geb. 1968): Die amerikanische Schauspielerin, berühmt geworden mit der Serie »Friends«, stammt väterlicherseits aus Kreta: Papa Jánnis Anastasákis emigrierte als Kind in die USA, wo offenbar keiner seinen typischen Namen aussprechen konnte.

Ariadne (Lebensdaten unbekannt): Die Tochter von König Minos verhalf der Sage nach Theseus mithilfe eines Fadens, den Weg durchs Labyrinth und wieder hinauszufinden. Theseus tötete das Ungeheuer, den Minotaurus, und wurde mit gleich zwei Töchtern von König Minos belohnt: Phädra und Ariadne. Letztere ließ er auf Naxos sitzen, wo sie alsbald von Dionysos gerettet wurde …

El Greco (1541–1614): Kein Wunder, dass man Doménikos Theotokópoulos in Madrid der Einfachheit halber nur »den Griechen« nannte – sein Name war für spanische Zungen unaussprechlich.

Kyriákos Mitsotákis (geb. 1968): Der griechische Ministerpräsident entstammt einer berühmten kretischen Politikerkaste. Sein Vater, Konstantínos Mitsotákis, war Anfang der 1990er-Jahre Ministerpräsident, sein Großonkel Elefthérios Venizélos das Urgestein der modernen griechischen Politik und seine Schwester Dóra Bakojánni langjährige Oberbürgermeisterin von Athen und griechische Außenministerin.

Stylianós Pattakós (1912–2016): Einer der drei führenden Köpfe der Militärjunta. Pattakós wurde 1990 aus gesundheitlichen Gründen aus der Haft entlassen. Er wurde dennoch 103 Jahre alt.

Míkis Theodorákis (geb. 1925): Aus der Feder von Griechenlands berühmtestem Komponisten stammt die Filmmusik zu »Alexis Sorbas«. Die legendäre Tanzszene wurde am Strand von Stavrós nahe Chaniá gedreht.

GESCHICHTE

Minoer, Byzantiner, Venezianer, Osmanen – viele verschiede-
ne Kulturen haben Kreta und seine Einwohner im Laufe der
Geschichte geprägt. Wirklich »beherrscht« wurde die Insel
allerdings nur von Naturgewalten und dem Zusammenspiel
von Bergen, Meer und Licht.

Die älteste Hochkultur Europas (ca. 3000–1100 v. Chr.)
Das altkretische Volk hat sich selbst nie als Minoer bezeichnet. Erst der britische Archäologe Arthur J. Evans schuf nach
seinen bahnbrechenden Ausgrabungen in Knossós Anfang
des 20. Jahrhunderts den Begriff der **minoischen Kultur**. Er
bezog sich dabei auf den mythischen König Minos und die
Erzählungen vom Schrecken verbreitenden Minotaurus, der
klugen Ariadne und dem heldenhaften Theseus. Die Minoer
waren bezüglich ihrer Sprache und Kultur keine Indoeuropä-
er. Mit dem Griechischen ist das Minoische nicht verwandt.
Zwei Schriftsysteme benutzten die Minoer: eine Hierogly-
phenschrift und eine Linearschrift (Linear A). Der berühmteste Text der Minoer, eine 1908 in Festós gefundene Tonscheibe mit 45 spiralförmig angeordneten Zeichen aus der
Zeit um 1700 v. Chr., ist der geheimnisvollste, da er noch immer der Entzifferung harrt.

Paulus' Erbe (59 n.Chr.)
Nach der Apostelgeschichte 27 erlitt der **Apostel Paulus** vor der
Küste Kretas Schiffbruch und fuhr im Schutz der Insel Kauda
(gemeint ist wahrscheinlich das südlich von Kreta gelegene Inselchen Gávdos) weiter Richtung Rom. Auf Kreta ließ er seinen
Schüler Titus als Bischof zurück: »Damit Du das zu Ende führst,
was ich liegenlassen musste« (Titus-Brief 1,5). Legenden zufol-
ge stammte Titus aus **Górtis**, wo der Rest einer ihm geweihten
byzantinischen Basilika des 6. Jahrhunderts steht. Kein Wunder, dass dem Heiligen Titus als Schutzpatron der kretischen

Beeindruckend, aber bis heute umstritten ist die Rekonstruktion des minoischen Palastes von Knossós (s. S. 77) durch den britischen Archäologen Arthur J. Evans.

Kirche auf der Insel besondere Verehrung zuteilwird. Erst 1966 gab Venedig die Schädelreliquie des Heiligen an Kreta zurück. Mit Musik und Tanz feiert man ihn zum Beispiel im Örtchen Amári am 25. August.

Emirat von Kreta (824–961)

Mit insgesamt 40 Schiffen landete der aus al-Andalus exilierte Muslim Abu Hafs auf Kreta, zerstörte Górtis und plünderte die Insel. Byzanz verlor nun einen wichtigen Handelsposten im Mittelmeer. An der Stelle des heutigen Iráklio gründete Abu Hafs das **Fort al-Khandaq** und führte von hier aus seine Angriffe auf das byzantinische Volk. Später sollten die Venezianer den arabischen Namen aufgreifen und ihre kretische Hauptstadt »**Candia**« nennen.

Flucht byzantinischer Intellektueller nach Kreta (1453)

Als die Osmanen Konstantinopel eroberten und damit das Byzantinische Reich unterging, flohen viele Christen aus der Reichshauptstadt ins seit 250 Jahren venezianisch-christliche

Insurgés de Kissamos à Malaxa. Hill Soldiers of India

Kretas Geschichte ist eine Geschichte von Fremdherrschaft und Okkupation,
Kretas Freiheitskämpfer sind ein Symbol für Tapferkeit und Mut.

Kreta und brachten der Insel einen kulturellen Aufschwung im
Geist von Byzanz. Kulturelles und spirituelles Zentrum dieser
spätbyzantinischen Blüte war die **Klosterschule der Heiligen
Katharina in Iráklio**, eine Zweigstelle des berühmten Kathari-
nenklosters auf dem Berg Sinai.

Belagerung Candias (1648–69)

21 Jahre lang verteidigten die **Venezianer** die Bastion Candia
(= Iráklio) – es ist eine der längsten Belagerungen der Geschichte überhaupt. Natürlich waren es nicht die zahlenmäßig
unterlegenen Venezianer selbst, sondern Veteranen, die nach
dem Dreißigjährigen Krieg in ganz Mitteleuropa angeworben
wurden für den (letztlich aussichtslosen) Kampf gegen die immer näherrückende neue **Weltmacht der Osmanen**. Sie hatten
nicht nur gegen die Türken, sondern auch mit Winterstürmen
und der Pest zu kämpfen. Der venezianische Schutzwall von
Candia wurde immer ausgefeilter mit Forts, Gräben und Kase-
matten ausgebaut. Der Kampf verlagerte sich schließlich ins
Erdinnere zu einem Minenkrieg ungeahnten Ausmaßes. Nach
21 Jahren hatten 30 000 Christen und 120 000 Muslime ihr
Leben gelassen. Venedig hatte mit dem Verlust Kretas seine

alte Vormachtstellung im Mittelmeer endgültig verloren. Der Welthandel hatte sich ohnehin längst auf die portugiesischen und spanischen Routen auf die Weltmeere verlagert.

Die Osmanische Zeit (1669–1898)

Die Osmanen verwandelten Kirchen in Moscheen und verteilten Landbesitz nahe den Küsten unter ihren Soldaten. Ins Alltagsleben der Christen griff man wenig ein, solange sich diese ruhig verhielten und ihre hohen Steuern zahlten. Erst nach einem von den Griechen 1896/97 auf dem Festland gegen den Sultan geführten und gewonnenen Krieg stimmten die europäischen Großmächte einer Autonomie Kretas unter osmanischer Oberherrschaft zu. Prinz Georg, Sohn des griechischen Königs Georg I., wurde zum Hochkommissar Kretas ernannt.

Kreta wird Griechenland zugeschlagen (30. Mai 1913)

Nach den Balkankriegen wurde Kreta mit Griechenland vereinigt. Treibende Kraft war der aus Kreta stammende Staatsmann **Elefthérios Venizélos**. Doch die letzten Türken verließen die Insel erst zehn Jahre später auf der Grundlage des Vertrages von Lausanne, der einen Bevölkerungsaustausch zwischen Griechenland und der Türkei forderte.

Deutsche Okkupation (1941–44)

1941 besetzte die deutsche Wehrmacht weite Teile Griechenlands und startet am 20. Mai das »Unternehmen Merkur« auf Kreta, die bis dahin größte Luftlandeoperation der Kriegsgeschichte. Trotz hoher Verluste unter den deutschen Fallschirmjägern war Kreta am Monatsende in der Hand der Wehrmacht. Die Nazi-Truppen stießen jedoch in den folgenden Jahren auf heftigen Widerstand durch Partisanen. Sie beantworteten deren Anschläge mit grausamen Massenerschießungen kretischer Zivilisten und der völligen Zerstörung vieler Dörfer. Eines davon ist **Áno Viánnos**. Der Ort und einige umliegende Dörfer wurden auf Befehl von General Friedrich Wilhelm Müller am 14. September 1943 dem Erdboden gleichgemacht – 451 Männer, Frauen und Kinder wurden erschossen.

LANDSCHAFT UND ARCHITEKTUR

Im vulkanisch nicht aktiven Teil des »hellenischen Bogens« hat sich die Insel Kreta, zerfurcht von Bergen und Schluchten, erhoben. Der folgende Streifzug durch Landschaft und Architektur der Insel bietet interessante Einblicke.

Winde – ein Segen in der Sommerhitze

Manch einer erlebt sie schon beim Landeanflug auf Iráklio: die heftigen Winde, die Kreta manchmal heimsuchen. Dann nämlich, wenn die Piloten noch mal durchstarten müssen. Äolos, der Gott der Winde, hat auf Kreta gleich mehrere Winde ausgeschüttet, darunter den **Voriás** und den **Notiás**. Wenn im Hochsommer der **Meltémi** aus dem Norden bläst, peitscht er das Meer auf, baden sollte man dann besser nicht mehr. Der Spuk kann Tage dauern. Dann empfiehlt sich vielleicht ein Sprung an die Südküste. Während sich an den Liegestühlen in Georgioúpolis gähnende Leere breitmacht, herrscht dort womöglich Windstille. Es kann aber auch umgekehrt sein: Bisweilen blasen die nördlichen Fallwinde an der Südküste so stark, dass sich der Sand auf der Haut wie eine Akupunkturbehandlung anfühlt. Aber ohne den Wind wäre die Hitze nicht zu ertragen. Und eine geschützte Bucht findet sich immer. In Georgioúpolis heißt sie Kaliváki. Gegen den heißen Schirokko aus Afrika hilft freilich wenig.

> »Nie habe ich vergessen, dass ich Kreta riechen konnte, noch bevor ich seine Küste vom Schiff aus sah.«
> (Míkis Theodorákis, geb. 1925)

Schluchten und Heilige

Kreta ist die Insel der Schluchten, die in Nord-Süd-Richtung tiefe Furchen ziehen. Keiner weiß, wie viele es wirklich sind. Auf alle Fälle gibt es weit über hundert größere Schluchten,

Durch die damals unzugängliche Samariá-Schlucht (s. S. 126) floh die griechische Regierung während der deutschen Okkupation. Ihr Ziel war Ägypten.

darunter die **Samariá**, den mit 17 km längsten Canyon Europas. Sie sind ein Biotop für Fauna (Eidechsen, Bartgeier, Schlangen …) und Flora (Wolfsmilch, Aronstab, Rutenglockenblumen …) und ein Paradies für Wanderer. Die deutsche Wehrmacht ist an den Versteckmöglichkeiten der Schluchten verzweifelt. Die meisten münden ins Meer. Am Ende einer anstrengenden Wanderung wird man mit einem Sprung ins kühle Nass belohnt, am schönsten in der **Agiofárango-Schlucht**. Zahlreiche Kapellen bieten dem Wanderer Orientierung, so die des Heiligen Antonius in der gleichnamigen Schlucht oder die des Heilige Nikolaus in der **Kourtaliótis-Schlucht**.

Die minoische Palastkultur

Die minoischen Stadtkönige lebten in mehrstöckigen Palästen. Außer den Privatgemächern des Königs befanden sich darin auch die Räume für die Diener, mindestens ein Wirtschaftstrakt, Wachenzimmer, Festsäle, Verkaufsräume, Kunstwerkstätten, Vorratskammern, Kultorte etc. – eine Stadt in einem Palast. Die einzelnen Räume und Höfe waren durch ein Ge-

Nicht jeder Hirte hatte seinen eigenen Mitáto am Psilorítis – oft schlossen sich fünf, sechs Viehzüchter zusammen und vereinten ihre Tiere zu einer Herde.

wirr von Treppen, Korridoren und Hallen mit **sich nach unten verjüngenden Säulen** miteinander verbunden. Einige Räume waren sehr klein und niedrig. Man darf vermuten, dass die Geschichte vom Labyrinth des Minotaurus ihren Ausgang in der minoischen Palastkultur nahm.

Venezianische Burgen

Sie stehen an Klippen und Häfen, auf Anhöhen oder sogar direkt am Strand: wehrhafte Burgen, errichtet während der 465-jährigen venezianischen Herrschaft. Natürlich waren sie ein Statussymbol, das den Kretern unweigerlich klarmachte, wer der Herrscher ist. Deshalb sind sie mit dem venezianischen Markuslöwen verziert. Die Festungen hatten vorrangig Verteidigungsfunktion: gegen Piraten, rebellierende Einheimische und heranrückende Osmanen. Immer dicker wurden die Burgmauern, in den Städten eingebettet in riesige Wallanlagen. Geholfen hat es nicht: 1669 kapituliert Morosini vor Ahmed Köprülü. Der zwei Jahre später geschlossene Friedensvertrag garantiert den Venezianern noch die Festungen Gramvoússa, Soúda und Spinalonga. 1715 ist die ganze Insel in türkischer Hand, auf den Burgen weht der Halbmond.

Byzantinische Kirchen

Wohin man auch schaut, auf Kreta wimmelt es nur so von Kirchen, Klöstern und Kapellen. In frühchristlicher Zeit herrschte der **Basilika-Typus** vor mit hölzernem Dach und dreischiffigen Kirchen, wobei das mittlere Schiff meist erhöht war. In der Blüte der byzantinischen Zeit bevorzugte man die **Kreuzbauweise mit Kuppeln** mit nur einem Schiff. Solche Kirchen, wahre Schmuckstücke, sind auf der ganzen Insel verstreut, viele von ihnen mit Fresken ausgemalt. Nicht alle werden noch für den Gottesdienst genutzt, geweiht sind sie schon. Das bedeutet, dass zum Beispiel noch Taufen darin gefeiert werden können. Wenn die Kirche zu klein ist, wird das Taufbecken kurzerhand vor die Kirche gestellt.

Kretisches Glockengebimmel

Aus dem Kontext gerissen wirken sie fast lateinamerikanisch: die breiten Fassaden kretischer Klöster und Kirchen mit aufragender, meist doppelter Glockenwand in der Mitte, wie etwa in **Así Goniá**. Die Klosterkirche von **Arkádi** ist ein Prachtexemplar, in dem sich die verschiedensten architektonischen Einflüsse mischen: römische Halbsäulen mit korinthischen Kapitellen, Obelisken, Schneckenwindungen und ausladende barocke Schwingung. Über die Jahrhunderte haben die kretischen Baumeister Kirchen in dieser Manier gebaut, auch im 19. Jahrhundert noch. Die heutigen sakralen Neubauten orientieren sich eher an byzantinischen Kreuzkuppelkirchen.

To Mitáto

Rund um das Ída-Massiv fallen aufgrund ihrer außergewöhnlichen Architektur **Kuppelbauten** auf. Es handelt sich um runde **Sennhütten aus Steinen**, die ohne Mörtel und Beton geschichtet werden. Früher wohnten die Hirten den ganzen Sommer hier oben mit ihren Herden. In den selbst errichteten Hütten schliefen sie und unterhielten ihre Käsereien. Noch heute wird vor Ort gemolken, aber die Milch wird anschließend auf Pick-ups sofort in die nächste Molkerei geliefert und dort weiterverarbeitet.

Bis heute ein magischer Anziehungspunkt: der venezianische Löwenbrunnen in Iráklio, hier auf einer Postkarte aus dem Jahr 1910.

Candia – das Juwel der Seemacht

Vor dem venezianischen Markusdom erinnern drei Fahnenmasten an das untergegangene Imperium der Seerepublik. Sie trugen einst die Banner Zyperns, der Morea (Peloponnes) und Candias – die nach ihrer Hauptstadt benannte Insel Kreta war über 450 Jahre lang das Juwel des Stato da Mar. Keine andere **Fremdherrschaft** dauerte so lange auf Kreta, und nirgendwo anders konnte sich die Seerepublik so lange ohne Unterbrechung halten. Schon die Landnahme Kretas in den Jahren 1204–17 war ein Meilenstein in der europäischen Kolonialpolitik: Erstmals besaß Venedig deutlich mehr als nur eine kleine Handelsniederlassung, nämlich eine Insel, die erheblich größer war als die »terra ferma«, das venezianische Hinterland. Die große Insel in der Ägäis sicherte der kleinen Insel in der adriatischen Lagune wirtschaftliche Stabilität und Wohlstand. Aus Kreta wurden Wolle, Weizen, Käse, Öl, Zucker und später

Malvasier-Reben nach Italien exportiert. Venedig sicherte die Häfen Kretas gegen Piratenüberfälle durch massive Befestigungen und baute es zur **Drehscheibe für den Fernhandel** aus, wo Waren aus Asien und Afrika umgeschlagen wurden.

Die Lagunenstadt hatte zu wenige Einwohner, um im großen Stil **Siedler** in seine ägäischen Besitzungen zu entsenden. Nach Kreta allerdings schickte man Tausende Venezianer, darunter Adlige aus den vornehmen Familien Corner, Dandolo, Querini und Gradenigo. 1383 wurde der adlige Siedler **Antonio Venier** aus Kreta zum Dogen Venedigs gewählt. Sie teilten die Insel nach dem Modell der Lagunenstadt in **Sestieri** ein: San Marco, Castello, San Polo, Santa Croce, Cannaregio und Spinalonga. Noch heute bewahrt die Insel Spinalonga an der Nordküste Kretas den alten Namen des später in Dorsoduro umgetauften Stadtteils Venedigs. Später wurden daraus die noch heute bestehenden vier Bezirke **Candia** (Iráklio), **La Canea** (Chaniá), **Retimo** (Réthimno) und **Sitía** (Lassíthi). Das Land teilten sie in Lehen auf, die fest in venezianischer Hand blieben. Kein Wunder, dass die ehemaligen kretisch-byzantinischen Familiendynastien, ihres Landes beraubt, nun gegen die Kolonisten aufbegehrten.

Ihren Höhepunkt fanden die zahlreichen Rebellionen in der Ausrufung der **Repubblica di San Tito** (1363–66), benannt nach dem Inselpatron und Paulusschüler. Mit der Eroberung Konstantinopels durch die Osmanen flüchten zahlreiche Gelehrte auf die Insel. Nach italienischem Vorbild werden **Akademien** gegründet. In der neuen Kunst des Buchdrucks spielen Kreter in Mailand und Madrid eine entscheidende Rolle. Die neugriechische Literatur erlebt ihre erste Blüte in der »kretischen Renaissance« mit den zwei berühmtesten Werken dieser Epoche, dem Drama »Erofíli« und dem Epos »Erotókritos«, beide im kretischen Dialekt verfasst, aber in lateinischen Lettern in Venedig gedruckt.

Abgesehen von ein paar Lehnwörtern, bröckelnden Reliefs von Markuslöwen, Brunnen, Torbogen und Festungsbauten ist allerdings nicht viel übrig von der »Venetokratie«. Den »Erotókritos« und die »Erofíli« aber kennt auf Kreta jedes Kind.

KUNST UND KULTUR

Kretas Seele? In der traditionellen Musik, im Lyraspiel, bei den Mantinaden und auf den panijíria, den Heiligenfesten der Insel, kommt man ihr näher.

Fast immer und überall – ein Heiligenfest

Jede Stadt, jedes Dorf, ja fast jeder Kreter – d. h. alle, die auf christliche Namen getauft sind –, feiert seinen bzw. ihren Heiligen. Es handelt sich um allgemein von der orthodoxen Kirche anerkannte oder auch um Lokalheilige. Jeder Priester und nicht wenige Familien besitzen ein *eortológio*. Darin sind alle Namenstage, Heilige und Festtage aufgeführt. Entsprechende Nachschlagewerke findet man auch im Internet. Die Kirche der Zehn Heiligen (Ágioi Déka) feiert am 23. Dezember sogar zehn Lokalheilige auf einen Schlag. Sie litten unter dem römischen Kaiser Decius als Märtyrer und gaben der gleichnamigen Siedlung ihren Namen. Besondere Ehrung wird dem vom Apostel Paulus eingesetzten ersten Bischof Kretas zuteil. Am 25. August findet im Bergdorf Amári (→ S. 158) ein dreitägiges *panijíri,* ein Fest zu seinen Ehren, statt.

Renaissance-Festival in Réthimno

Wer mit offenen Augen durch Iráklio, Chaniá und Réthimno bummelt, entdeckt viele lateinische Inschriften, Torbogen und Wappen. Sie entstammen nicht nur der zahlenmäßig kleinen venezianischen Herrschaftsschicht, sondern auch stolzen einheimischen Bürgerfamilien. Im letzten Jahrzehnt der venezianischen Epoche schickten viele Familien ihre Kinder zum Studium in die Klosterschule der Heiligen Katharina vom Berg Sinai in Candia (Iráklio) und in der Folge nach Padua. Nach ihrer Rückkehr gehörten sie als Notare, Ärzte, Theologen, Literaten und Lehrer zur intellektuellen Schicht Kretas. Besonders Réthimno gilt als geistiger Nährboden der kretischen Renaissance. Aus diesem Anlass lädt die Stadt jeden Sommer im Rah-

Aktuell feiert der »Erotókritos« als Comic, herausgegeben vom Verlag Polaris, in Griechenland großen Erfolg. Bereits 10 000 Exemplare sind verkauft (s. S. 31).

men des Renaissance-Festivals Künstler aus aller Welt ein. Eine Tanz-, Theater- oder Musikaufführung im stimmungsvollen **Erofíli-Theater auf der Fortezza** unter hohen Pinien gehört zu den schönsten Erlebnissen eines Kreta-Urlaubs.

Die Musik-Werkstatt von Ross Daly

Einer der wichtigsten Interpreten auf der kretischen Lyra ist irischer Abstammung. Das hat nichts damit zu tun, dass die Leier das irische Nationalinstrument ist. Denn Leier und Lyra unterscheiden sich wie Horn und Oboe. Der weit gereiste Ire Ross Daly (geb. 1952) mit längeren Stationen in Nordamerika und Japan hat mit Weltmusikern wie Ravi Shankar zusammengearbeitet und auf Kreta seit den 1970er-Jahren eine neue Heimat gefunden. Als Schüler des Lyraspielers Kóstas Mountákis vermischt Daly kretische, anatolische und indische Elemente – »World Music« im besten Sinne des Wortes. In **Houdétsi** leitet er die **Musik-Werkstatt »Labyrinthos«** mit einer umfangreichen Instrumentensammlung und bietet darüber hinaus Meisterkurse für Musiker aus aller Welt an.

Mantinádes

Die Kreter sind nicht auf den Mund gefallen. Ihre Emotionen drücken sie mit Pathos, blumigen Worten und manchmal etwas zu laut aus. Umstehende meinen dann fälschlicherweise, es handle sich um einen Streit. Die Kreter können sich dann einfach nicht zügeln. Wenn die Alltagssprache nicht ausreicht, greifen sie zu Mantinádes. Das Wort kommt aus dem Italienischen: *Matinata* ist das Gegenteil von *serenata*, also ein Lied, das am Morgen gesungen wird. Für Mantinádes ist allerdings immer Gelegenheit, nicht nur am Morgen. Gedichtet werden sie in 15-silbigen jambischen Reimpaaren, den *dekapentasýllaboi*, häufig spontan und im kretischen Dialekt. Als **Sprechgesang** werden sie musikalisch begleitet von der Lyra. Es gibt Anthologien kretischer Mantinaden. Entstanden sind die Mantinaden im 15. Jahrhundert, später wurden sie zu Dichtungen des Widerstandes, aber auch der Heimat- und Naturverehrung. Die mündliche Erzähltradition ist ungebrochen.

»Erotókritos«

Berühmt wurde die Mantináda durch das Hauptwerk des kretischen Dichters der Renaissance, **Vinzenzos Cornaros** aus Sitía, dem »Erotókritos«. Noch ist keine Geschichte der kretischen erzählenden Literatur erschienen, ein Desiderat auf dem Literaturmarkt. Eine Sammlung der kretischen Literatur würde die Renaissance in besonderer Weise berücksichtigen. Sie bildet quasi die Ouvertüre zur neugriechischen Literatur. Das Epos »Erotókritos« und das zeitgenössische Drama »Erofíli« von Giórgos Chortátzis wurden beide im kretischen Dialekt geschrieben, aber in lateinischer Schrift gedruckt. Der »Erotókritos« ist eine freie Adaption des provenzalischen Ritterromans »Paris et Vienne« in über 10 000 gereimten Fünfzehnsilbern. Um das Entstehungsdatum wird heftig gestritten, es

Es sind fast ausnahmslos Männer, die die Kunst des Lyraspiels beherrschen. Hier bezaubert der Wärter des Museums Skoulás in Anógia (s. S. 156) die Besucher mit seinem Spiel.

liegt zwischen 1570 und 1645 – also im letzten Jahrhundert der »enetokratía«. Bis heute gehört das Werk zu den **Klassikern der neugriechischen Literatur,** und nicht wenige Kreter können seitenlang aus ihm zitieren.

Die Kretische Schule

Nach dem Fall von Konstantinopel 1453 suchen viele Künstler und Intellektuelle anderswo ihr Glück – viele fliehen ins venezianische *regno di Creta.* Unter den Flüchtlingen sind Ikonenmaler, die als Auftragsmaler Kirchen und Kapellen ausstatten. Einige reisen nach Venedig und geraten dort in den Bannkreis der Starmaler Giovanni Bellini und seines Schülers Tizian. Diese Begegnungen fließen in ihren eigenen, stark höfisch geprägten Stil ein. So verschmelzen die griechischen Ikonenmaler Elemente der italienischen Renaissance mit byzantinischer Tradition. Ihre wichtigste Ausbildungsstätte ist fortan die **Klosterschule der Heiligen Katharina vom Berg Sinai** in Iráklio, an der auch **Michaíl Damaskinós,** der genialste Vertreter der »Kretischen Schule«, unterrichtete – mit Erfolg: Einer seiner Schüler, **Doménikos Theotokópoulos,** machte später als El Greco in Venedig und Spanien Weltkarriere.

Volkstänze

Um die Seele Kretas kennenzulernen, muss man in die Dörfer fahren, am besten zu einem *panijíri,* einem Fest zu Ehren eines Heiligen. Man braucht Zeit, viel Zeit und darf nicht beabsichtigen, das Dorf vor dem Morgengrauen wieder zu verlassen. Viele Stunden nach dem Gottesdienst beginnt das Essen, es wird viel Fleisch verzehrt und viel Raki getrunken. Anschließend setzt die Musik ein, und dann dauert es nicht lange, bis einige aufstehen und anfangen zu tanzen, etwa den *Pentozális,* den kraftvollen Fünf-Schritt-Tanz mit hohen Sprüngen. Am Anfang sind es die Profis, dann kommen immer mehr Menschen dazu. Sie tanzen in Ketten und Kreisen, so wie man es auf antiken Vasen sieht. Natürlich gibt es auch Folklore-Veranstaltungen in Hotels oder Tanzaufführungen in Freilichttheatern, aber nirgendwo ist das Erlebnis so authentisch wie in den Dörfern.

Wild, laut und ungezähmt

Keine melodischen Chatzidákis-Klänge, kein Sirtáki und schon gar kein Rembétiko: Kreta pflegt eine eigenständige Musikkultur, deren beherrschendes Instrument die Lyra ist. Mit dem gleichnamigen Glockenspiel aus Metall, wie es bei Militärkapellen eingesetzt wird, der orphischen oder der irischen Leier hat die violinartige, dreisaitige kretische Lyra, die mit dem Bogen gespielt wird, nichts gemein. Sie stammt aus byzantinischer Zeit, ist eine **birnenförmige Kniegeige**, deren Saiten nicht niedergedrückt, sondern nur mit dem Nagel berührt werden. Das ermöglicht ein schnelleres Spiel, als es beispielsweise auf einer Violine möglich ist.

Ein Besuch bei dem kretischen **Lyrabauer Níkos Papalexákis** in Réthimno führt die hohe Handwerkskunst vor Augen: Rund 100 Stunden Arbeit stecken in einem solchen, meist aus einem Stück Platanen-, Walnuss- oder Maulbeer-, seltener aus Rosenholz gefertigten Instrument, dessen Hals je nach Geschmack kunstvoll verziert wird.

Die Lyra übernimmt in der kretischen Musik die Melodieführung, Laute und Tambouras sind Begleitinstrumente. Was für die Neapolitaner die Mandoline ist, ist für die Kreter die Lyra – nur lauter, schriller, ungezähmter, frei von Schwulst und kräftig. Sie ist die Seele der Volksmusik Kretas. In die reine Instrumentalmusik einzudringen, fällt dem ungewohnten Ohr nicht leicht. Rastlos ist ihre Melodie, einfach in ihrer Form, doch ausdrucksstark. Ihre Interpreten gelten als Volkshelden, deren bekannteste Vertreter die aus dem Bergdorf Anógia stammenden **Xyloúris-Brüder** sind.

Noch immer ist die kretische Lyra eine **Männerdomäne**, man sieht es auf den Konzertplakaten in den Städten und Dörfern. Eine Ausnahme bildet Georgía Dagáki. Die 1982 in Athen geborene Musikerin entstammt einer Musikerfamilie aus Réthimno, sie kombiniert ihre kraftvolle Stimme mit einer neuen Klangwelt der Lyra, eingängiger, sanfter, weiblicher.

MUSEEN UND GALERIEN

Von archäologischen Schätzen bis hin zum Fußballmuseum: Kreta bietet neben den »Klassikern« auch Überraschendes. Moderne Kunst, Trödel und einen Erdbebensimulator ...

Antike Kunst

Kretas Funde sind in verschiedenen Archäologischen Museen ausgestellt. Das **Archäologische Museum Iráklio** (→ S. 62) mit der weltweit größten Sammlung zur minoischen Kultur ist didaktisch hervorragend gestaltet. Klein, aber oho: Eines der jüngsten Museen Griechenlands, das **Archäologische Museum von Eléftherna** (→ S. 153), liegt idyllisch eingebettet in unberührter Landschaft. Antikes im gotischen Gemäuer: Das **Archäologische Museum in Chaniá** (→ S. 102) fand in der ehemaligen Franziskanerkirche einen würdigen Platz.

Kultur und Geschichte

Jede Menge Seefahrtsgeschichte und eine eindrucksvolle Dokumentation der deutschen Besatzung Kretas zeigt das **Nautische Museum** (→ S. 105) in Chaniá. Dort befindet sich auch das **Privatmuseum der griechischen Fußballnationalmannschaft** (→ S. 110). Trikots, Fanartikel, Fotos und Pokale lassen die großen Momente des griechischen Fußballs hochleben. Das **Historische Museum von Iráklio** (→ S. 54) besitzt eine umfassende Sammlung zur Inselgeschichte seit dem frühen Christentum und zeigt die zwei einzigen El-Greco-Bilder, die auf der Insel Kreta verblieben.

Volkskundemuseen

Das **Oriseum in Asómatos** (→ S. 170) ist ein Sammelsurium von Priester Michális mit Flohmarktschätzen, landwirtschaftlichen Geräten, Möbeln und allerhand mehr. Das Freilichtmu-

Rätselhaft: Was bedeuten die Zeichen auf dem Diskos von Festós, einer Tonscheibe aus der Bronzezeit? Zu bewundern im Archäologischen Museum von Iráklio.

seum **Lychnostátis** in **Liménas Chersonísou** (→ S. 84) erklärt anschaulich kretische Lebensart, Handwerkskunst und das Leben auf dem Land. Diese beiden privaten Museen ergänzen die volkskundlichen kommunalen Sammlungen.

Moderne und Zeitgenössische Kunst
Réthimnos **Museum für zeitgenössische Kunst** (→ S. 143) besitzt über 600 Werke vorwiegend griechischer Künstler, darunter Arbeiten von Leftéris Kanakákis. Der aus Anógia stammende Künstler Alkiviádis Skoulás hat sich in seinen naiv-eindringlichen Gemälden mit dem kretischen Freiheitskampf auseinandergesetzt. Ihm ist das **Skoulás-Museum** (→ S. 156) in Anógia gewidmet.

Naturwissenschaft und Technik
Riesige Dia-Panoramen mit Tierbildern, Aquarien, Terrarien sowie ein spannender Erdbeben-Simulator ziehen neugierige Besucher aus der ganzen Welt in das interessante **Naturhistorische Museum** (→ S. 54) von Iráklio.

GÄRTEN UND HISTORISCHE STÄTTEN

*»Dass man nur dort wirklich lebt, wo Zikadengeschrei
die Mittage füllt und wo Ölbäume stehen«* – davon war
der Schriftsteller Erhart Kästner überzeugt.

Kretas Olivenhaine

Unter den Nutzpflanzen vorherrschend ist der Ölbaum *(Olea europea)*, ein Geschenk der Pallas Athene. Etwa ein Viertel der Insel sind Olivenhaine, und möglicherweise ist Kreta sogar die **Urheimat des Ölbaums**. Das grüne Gold wird gleich dreifach verwendet: Aus der ersten Pressung wird Speiseöl gewonnen – das beste ist das säurearme von Sitía. Die zweite wird zur Herstellung von Kosmetika und Heilprodukten sowie ein Rest aus der dritten Pressung als Stoff zum Heizen verwendet. Es streiten sich die Gemeinden von Kavoúsi und von Áno Voúves, wo der älteste Olivenbaum Kretas steht. Sicher ist nur, dass sie beide viele, viele Hundert Jahre auf dem Buckel haben.

> »Und zahllos die Ölbäume,
> die mit ihren Händen das
> Licht sieben.«
> (Odysséas Elýtis, 1911–96)
> aus: »To Axion esti« (2001)

Minoische Ausgrabungsstätten

Bislang sind über 45 minoische Siedlungen auf Kreta ausgegraben worden, und weitere harren noch der Entdeckung. Es handelt sich um **Paläste** (wie Knossós, Mália, Káto Zákros, Festós), **Höhlen** (die Idäische und Diktäische Grotte, Kamáres …), **Nekropolen, Häfen** und **Villen**. Die landschaftlich schönste Ausgrabungsstätte ist sicherlich der Palast von Festós, der auf einem Hügel über der Messará-Ebene in Panoramalage errichtet wurde. Neben diesen Highlights sind auch die wenig besuchten Ausgrabungsstätten wie die Nekropole von Arméni oder Monastiráki aufgrund ihrer Lage in unberührter Natur

Seit rund 4000 Jahren werden auf Kreta Ölbäume kultiviert, in der Antike galten sie als heilig und durften nicht gefällt werden.

faszinierend. Besonders fotogen präsentieren sie sich im Frühling, wenn Klatschmohn und Zistrosen erblühen und für zauberhafte Impressionen sorgen.

Der Kräutergarten von Spíli

Bis auf eine Höhe von 1300 m wachsen in der Phrygana der stark duftende Salbei, Thymian, Schopflavendel und Oregano. König der endemischen Heilpflanzen ist der Diktamus *(Origanum dictamnus),* der als Tee angebaut wird. Im Maravel Garden bei dem Örtchen Spíli gedeihen über 300 **Heilkräuter und Blumen**, ein Paradies für Bienen und »Kräuterhexen«. Man kann an einer lehrreichen Führung teilnehmen und alle Produkte auch im gleichnamigen Laden an der Hauptstraße in Spíli erwerben (Mitropolítou Isidórou, Spíli).

Botanischer Garten

Im Oktober 2004 wütete ein Feuer in Skordálou am Fuße der Weißen Berge. 60 000 Olivenbäume, die seit 400 Jahren das Einkommen der Dorfbewohner sicherten, verbrannten. Es war eine ökologische und finanzielle Katastrophe. In dieser Situation hatte Pétros Marinákis, selbst ein Betroffener, die Idee, auf

Fast 4500 Gefallene der Wehrmacht, überwiegend Fallschirm- und Gebirgsjäger, liegen auf dem deutschen Soldatenfriedhof bei Máleme begraben.

der verbrannten Erde einen Botanischen Garten anzulegen. Einen **Ort der Erholung, der Bildung, der Begegnung**. Einige Jahre später wurde aus dem Traum Wirklichkeit. Der privat betriebene Botanische Garten ist ein **Erlebnis für alle Sinne** (Foúrnes, www.botanical-park.com).

Der Patio – draußen in Gesellschaft

In den kretischen Dörfern wirken viele Häuser auf den ersten Blick abweisend. Sie haben gewöhnlich hohe Mauern – im besten Fall aus Stein, oft aus Beton. Torbogen oder Loggien zieren ihre Eingänge, manchmal auch nur eine simple Tür. Kaum Vorgärten, kein Zaun, über den man in einen Garten hineinblickte, die Größe des Hauses lässt sich allenfalls erahnen. Überschreitet der *xénos* (der Fremde, der Gast) die Schwelle, so überrascht ihn ein **Innenhof**. Wie in römisch-etruskischen Atriumshäusern ist das offene Innere das Zentrum des kretischen Familienlebens im Dorf. Weinranken beschatten dieses intime Plätzchen, das draußen und zugleich privat ist, Jasmin und Basilikum verströmen ihren Duft. Geranien, viele Bänke,

Lachen, Geplapper, ein Raki, nein, bei einem wird es nicht bleiben. Jeden Sommer ist der kretische Innenhof Ort der Begegnung, des Austauschs, ein privates Kafeneíon.

Mahnmale und Kriegsgräberstätten

Nach dem Einmarsch der Wehrmacht in Griechenland und dem Fall Athens am 27. April 1941 wurde der unsinkbare Flugzeugträger Kreta – strategisch wichtig für die Versorgung von Rommels Afrikakorps – zwischen dem 20. Mai und 1. Juni 1941 durch Fallschirm- und Gebirgsjäger erobert (»Unternehmen Merkur«). Bis zur Kapitulation, die am 9. Mai 1945 in Knossós unterzeichnet wurde, hat die deutsche Besatzung Kretas, die zeitweise eine über 50 000 Mann starke Truppe umfasste, täglichen Terror, Massenexekutionen, Massaker an Männern, Frauen und Kindern sowie den Tod der kretischen Juden und unzähliger Soldaten auf allen Seiten zu verantworten (→ S. 164). Der **deutsche Soldatenfriedhof von Máleme**, der **Commonwealth-Kriegsgräberfriedhof an der Soúda-Bucht** und viele Denkmale in über 30 Märtyrerorten erinnern an diese Zeit. Das **Denkmal in Amíras/Viánnos** zeigt elf Steinfiguren mit den Namen der 451 Opfer aus den elf Dörfern der Umgebung auf dem Weg zur Exekution. In Deutschland ist das Thema vernachlässigt worden. Eine gemeinsame Gedenk- und Erinnerungskultur gestaltet sich schwierig.

Höhlen – wichtige Kulturzentren

Wo es Schluchten gibt, gibt es Höhlen. Und da man die Zahl der kretischen Schluchten nicht kennt, kennt man auch nicht die Zahl der Höhlen. Allein im Bezirk Réthimno schätzt man ihre Zahl auf 850, nur sehr wenige sind zugänglich. Abgesehen von ihrer natürlichen Schönheit sind sie von großem archäologischen Interesse. Am Fuß des Psilorítis liegt auf 1538 m die **Diktäische Grotte** (→ S. 183). Beeindruckend ist der riesige Eingang zur Höhle, in der der Sage nach der Göttervater Zeus großgezogen wurde. In minoischer und noch in römischer Epoche blieb die Höhle ein wichtiges Kultzentrum. Man fand darin unter anderem Keramik, Goldschmuck und Kupferschilde.

FESTKALENDER

Februar/März/April
Karneval
Réthimno ist (nach Pátras) Griechenlands zweite Karnevalshochburg. Gefeiert wird drei Tage lang, es gibt Nacht- und Tagesparaden. Die größte findet am orthodoxen Karnevalssonntag statt.
www.rethymnocarnival.gr

Nationalfeiertag
Zum Gedenken an den offiziellen Beginn der griechischen Revolution gegen die Osmanen veranstalten viele Städte und Dörfer feierliche Prozessionen, v.a. der Schulkinder.
25. März

Karfreitag und Ostern
Der Ostertermin wird nach dem Julianischen Kalender festgelegt. Am Morgen des Karfreitags wird in den meisten Kirchen Kretas das symbolische Grab Christi mit Blumen geschmückt und am Abend in einer Prozession durch die Gemeinde getragen. Am Ostersamstag feiert man am späten Abend den Auferstehungsgottesdienst: »Christós anésti« – »der Herr ist auferstanden« – verkündet der Priester um Mitternacht und reicht das Licht weiter. Am Ostersonntag wird im privaten Kreis mit viel Lamm, Raki und Wein gefeiert.
Orthodoxer Ostersonntag:
19. 4. 2020, 2. 5. 2021, 24. 4. 2022

Georgsfest
Am Tag des Heiligen Georg werden in Así Goniá die Schafe durchs Dorf getrieben, gesegnet und gemolken.
3. April (oder am Dienstag nach Ostern)

Mai/Juni
Mátala-Beachfestival
Das alternative Open-Air-Festival am Strand und in Bars knüpft an legendäre Zeiten Mátalas als Hippie-Paradies an – kretische Musik, Reggae und World Music.
www.matala-kreta.eu

Casa dei Mezzo
Dreitägiges Klassik- und Kammermusikfestival mit internationalen Musikern in Makrigialós (Ierápetra).
Ende Juni / www.casadei mezzo.com

Juli
Cretan Diet Festival in Réthimno

Eine Woche lang stehen die besten kretischen Flaschenweine und die köstlichsten Produkte kretischer Bauern im Rampenlicht.

www.cretandietfestival.gr

Dafnés Wein-Festival

Das Dorf veranstaltet Jahr für Jahr das größte kretische Weinfest – mit viel Musik und Tanz.

Information über Tourismusbüros oder auf Plakaten

Juli–September
Heraklion Summer Festival

Größtes Kulturfestival der Insel mit vielen Konzerten, Ausstellungen und Theateraufführungen.

www.heraklion.gr

August
Vollmond im August: »Sto fos tou fengarioú«

Eintritt frei in allen Museen und Ausgrabungsstätten!

Houdétsi Festival

World-Music-Konzerte im Dorf von Ross Daly (→ S. 29) mit Kunsthandwerkermarkt.

www.labyrinthmusic.gr

Reggae Vibes Music Festival

Am Almýros Beach in Ágios Nikólaos.

https://reggaevibes.gr

Mariä Entschlafung

Das bedeutendste Kirchweihfest des Jahres wird in vielen Dörfern Kretas mit Tanz und Musik gefeiert. Viele Marienkirchen, wie die von Thrónos, sind festlich geschmückt.

15. August

Fest des Heiligen Titus

Große Prozession am Vormittag in Iráklio und dreitägiges Fest in Amári.

25. August / Programm von Amári auf Plakaten

Oktober
Filmfestival

Internationales Filmfestival in Chaniá mit vielen neuen und wenigen alten Filmen.

www.chaniafilmfestival.com

Óchi-Tag

Am 28.10.1940 forderte Mussolini von Griechenland freien Einmarsch für deutsche und italienische Truppen – und Athen sagte: NEIN! Das feiert das ganze Land noch heute mit Paraden.

28. Oktober

HANDWERK UND DESIGN

»Made in Crete« – abseits der touristischen Hotspots findet man noch traditionelle Inselprodukte. Zum Anschauen, Anfassen und zum Mitnehmen …

Olivenöl im neuen Look

Die griechische Wirtschaftskrise hat viele zum Umdenken gezwungen und insbesondere bei der jungen Generation enorme Kreativität freigesetzt. Viele Start-ups sind entstanden und sorgen für die Wiederbelebung von kleinen Dörfern im Hinterland und einen sozial und ökologisch nachhaltigen Tourismus. Organisches Olivenöl, Thymian-Honig und Meersalz in neuem Design bietet **Minoan Spora**. Die Verpackungen sind von minoischen Schmuckanhängern, den Bienen von Malia, inspiriert und haben den ersten Platz beim deutschen Design-Preis erhalten (www.minoanspora.com).

Mitbringsel aus Olivenholz

Dass man aus dem Ölbaum nicht nur Öl gewinnen kann, beweisen zahlreiche Geschäfte, die **geschnitzte Olivenholzarbeiten** anbieten. Ob Seifenschale, Salatbesteck, Holzbrettchen oder Schüssel – allen Produkten ist die einzigartige Maserung eigen, die jedes Stück zum Unikat macht. Olivenholz ist hart und quillt im Wasser nicht auf. Als Salatschüssel ist es ein echter Hingucker, ebenso als Lampe. Ab und zu sollte man es mit Olivenöl einreiben, so bleibt der Glanz erhalten.

Schönheit durch Oliven, Avocado und Aloe Vera

Die zweite Pressung der Olive wird in der Kosmetikindustrie verwendet: für **Seifen** und **Naturkosmetika**. In Argiroúpolis hat sich die Firma **Lappa Avocado** (→ S. 172) mit der Verwendung von Avocado in Hautcremes einen Namen gemacht. Das

Die Avocados der Firma Lappa Avocado werden in Argiroúpolis selbst angebaut und dann vor Ort zu Kosmetikprodukten verarbeitet.

in Chaniá ansässige Unternehmen **Olivaloe** kombiniert die entzündungshemmende Wirkung der Aloe Vera mit dem feuchtigkeitsspendenden Olivenöl.

Webarbeiten

In den Volkskundemuseen stehen Webstühle, aber bis vor Kurzem konnte sie keiner mehr bedienen. Doch die junge, krisengebeutelte Generation ist dabei, das Kunsthandwerk ihrer Großmütter wiederzuentdecken und neu zu interpretieren in frechem, modernem Design. Antonía Statháki von **Loom-Handmade** (loomhandmade.com) etwa kreiert moderne Mode mit dezenten Web-Applikationen, Taschen und Schals.

Katsoúna, der kretische Hirtenstock

So ein **traditioneller Holzstock** mit seinem gebogenen Griff ist viel mehr als eine Gehhilfe: Er ist Ausdruck der *leventiá*, des Stolzes und der Männlichkeit – und natürlich gut bei Wanderungen zu gebrauchen: als Stütze, ja, aber auch, um Schlangen zu vertreiben. Hergestellt wurden die Stöcke aus der endemischen Kretischen Zelkove *(Zelkova abelicea)*, einer Ulmenart. Seit der Baum 2011 als gefährdet eingestuft wurde, dürfen daraus allerdings keine Hirtenstöcke mehr gefertigt werden. Internationale Bekanntheit erwarben sie übrigens durch Filme wie »Star Wars« und »Game of Thrones«.

KULINARIK

Die Kreter gehen, wie alle Griechen, gerne und oft in die Taverne. Die traditionell bodenständige griechische Küche wird dabei in den gehobeneren Lokalen längst neu interpretiert und aufs Beste verfeinert.

Die Tischgemeinschaft

Wie in ganz Griechenland, so ist das Essen auf Kreta mehr als nur Gaumengenuss. Ebenso wichtig ist die gute *paréa*, die Tischgesellschaft. Ein trautes Dinner zu zweit ist eher die Ausnahme. Die Kreter lieben die Geselligkeit und essen am liebsten im großen Kreis von Freunden und Verwandten. Dabei bestellt man keine »**Tellergerichte**«, sondern ordert gemeinsam, was in die Mitte der Tafel gestellt wird. Eine festgelegte Reihenfolge gibt es übrigens nicht.

Fleisch, Fisch, Gemüse: von allem etwas

Die Kellner servieren schnell, was die Küche bereits vorbereitet hat: Beliebt sind etwa *kalitsoúnia* (halbmondförmige Teigtaschen mit Mizíthra-Frischkäse und Nana-Minze gefüllt), Dákos-Salat (Feta, Tomaten und Oliven im aufgeweichten Gerstenzwieback Paximádi), mit Reis und Kräutern gefüllte Tomaten, gekochte Schnecken – eine kretische Spezialität –, die wie Spinat gekochten und dann abgeseihten Wildkräuter *chórta* (darunter Stachelzichorie, Bitterkraut Reichardie und Gemeine Wegwarte) sowie ein Trio aus Auberginen-, Zucchini- und Kichererbsenpuffern.

Später kommt das Fleisch, am besten Lamm, gegrillt oder als *kléftiko* im fest verschlossenen Tontopf. Alternativ gibt es *katsikáki tou foúrnou*, Zicklein aus dem Backofen. Fisch sollte man nur in *psarotavérnes* am Meer essen. Mit Glück und gut gefüllter Geldtasche lässt sich eine köstliche Drachenkopfsuppe ergattern. Typisch und erschwinglicher sind Sepien mit Kartoffeln und Artischocken.

Geschmorte Schnecken sind auf Kreta ein beliebtes Essen zu jeder Jahreszeit. Doch Kenner sind sich einig: Am besten schmecken sie im Herbst.

Slow Food – im Süden nichts Neues

Auch Feinschmecker kommen in Kreta auf ihre Kosten. Viele Chefs verwenden nur erstklassiges Olivenöl und saisonale, **regionale Zutaten** – Slow Food war in Kretas Dörfern immer schon selbstverständlich. Alte Gerichte werden neu interpretiert: Salate mit Avocado, Nüssen, Erdbeeren, Feigen und Käse angereichert, Zucchiniblüten frittiert und immer häufiger finden sich Hülsenfrüchte auf der Speisekarte der Restaurants: Ein Saubohnenpüree aus *koukiá*, die seit der Antike nachgewiesenen Äugleinbohnen *mavromátika* oder ein Eintopf mehrerer Hülsenfrüchte, genannt *palikária* (Heldensuppe!).

Jiá-mas, auf uns!

Bleibt die Frage: Was trinken wir? Typisch ist der schwere, sherryartige Inselwein Marouvás. Genauso Rotweine aus der leichten Liátiko-Sorte oder Thrapsathíri-Weißweine aus Lassíthi. Der Winzer Manousákis aus Chaniá hat französische Reben angebaut und mit seinen Nóstos-Weinen auch international beachtete **Spitzenweine** erzeugt.

KULINARISCHES LEXIKON

aláti (αλάτι): Salz
anthógalo (ανθόγαλο): leicht gesalzener Schafs- oder Ziegenfrischkäse
apáki (απάκι): geräuchertes, mariniertes Schweinefleisch
arnáki (αρνάκι): Lamm
arní (αρνί): Hammel
áspro krassí (άσπρο κρασί): Weißwein

bámjes (μπάμιες): Okra
barbúnja (μπαρμπούνια): Rotbarben
barbounofásoula (μπαρμπουνοφάσουλα): Feuerbohnen
biftéki (μπιφτέκι): Frikadelle
bíra (μπύρα): Bier
brisóla (μπριζόλα): Kotelett

chirinó (χοιρινό): Schwein
chochlioí (χοχλιοί): Schnecken
choriátiki (χωριάτικη): Bauernsalat mit Schafskäse
chórta (χόρτα): Wildkräuter

dolmadhákja (ντολμαδάκια): mit Reis gefüllte, kalte Weinblätter
domátes jemistés (ντομάτες γεμιστές): gefüllte Tomaten

eljés (ελιές): Oliven
fáwa (φάβα) Platterbsenpüree
féta (φέτα): weißer Schafkäse

gamopílafo (γαμοπίλαφο): in Schafsbrühe gekochter Reis
gála (γάλα): Milch
gáwros (γαύρος): Sardine
gliká (γλυκά): Süßspeisen
grawiéra (γραβιέρα): würziger Hartkäse

ja'úrti (γιαούρτι): Joghurt
jemistá (γεμιστά): gefüllte Tomaten/Paprikaschoten
jígandes (γίγαντες): Saubohnen

kafés (καφές): griechischer Kaffee
– **glikós (γλυκός):** süß
– **métrios (μέτριος):** leicht gesüßt
– **skéttos (σκέτος):** ungesüßt
kalamarákia (καλαμαράκια): Tintenfische
kakawiá (κακκαβιά): Fischsuppe
kaltsúnia (καλτσούνια): süße Ricotta-Käsetaschen
karpúsi (καρπούζι): Wassermelone

katsíki, katsíkáki (κατσίκι, κατσικάκι): Zicklein
keftédes (κεφτέδες): Hackfleischkugeln
kimás (κιμάς): Hackfleisch
kléftiko (κλέφτικο): im Backofen gegartes Lamm- oder Zickleinfleisch
kókkino krassí (κόκκινο κρασί): Rotwein
kokorétsi (κοκορέτσι): am Spieß gegrillte Innereien
kolokithákja (κολοκυθάκια): Zucchini
kotópulo (κοτόπουλο): Huhn
krassí (κρασί): Wein
kréas (κρέας): Fleisch
kukiá (κουκιά): Ackerbohnen, auch Saubohnen
kunéli (κουνέλι): Kaninchen

loukoumádes (λουκουμάδες): Frittierte Hefebällchen mit Honig
lukánika (λουκάνικα): Würstchen

marídes (μαρίδες): Sardellen
méli (μέλι): Honig
melidsánes (μελιτζάνες): Auberginen
melidsanosaláta (μελιτζανοσαλάτα): kaltes Auberginenpüree
mílo (μήλο): Apfel
mizíthra (μυζήθρα): Ricotta-Käse

moss'chári (μοσχάρι): Rind
moussakás (μουσακάς): Auberginen-Hackfleischauflauf

neró (νερό): Wasser

pagotó (παγωτό): Eiscreme
paidákja (παϊδάκια): Lammkoteletts
pastítsjo (παστίτσιο): Makkaroni-Hackfleischauflauf
patátes (πατάτες): Kartoffeln
peppóni (πεπόνι): Honigmelone
portokaláda (πορτοκαλάδα): Orangensaft
psári (ψάρι): Fisch
psomí (ψωμί): Brot

sáchari (ζάχαρη): Zucker
sfakianí pítta (σφακιανή πίττα): frittierte Käsetasche
skórdo (σκόρδο): Knoblauch
spanakópitta (σπανακόπιττα): Spinatpastete
stáka (στάκα): ausgelassene Schafs- oder Ziegenbutter
stamnagáthi (σταμναγκάθι): Wildgemüse
stifádo (στιφάδο): geschmortes Rind-/Kaninchenfleisch mit Zwiebelgemüse

tirí (τυρί): Käse
tónnos (τόνος): Thunfisch

xifías (ξιφίας): Schwertfisch

STRÄNDE

Die unzähligen feinen Sandstrände, die kleinen Buchten und sogar ein Palmenstrand lassen Sonnenanbeter auf Kreta frohlocken. Hier eine kleine Auswahl.

Bálos
Der Strand im äußersten Nordwesten der Insel ist am besten per Jeep plus halbstündiger Fußwanderung oder im Rahmen von Bootsausflügen von Kíssamos aus zu erreichen. Baden kann man anderswo besser, aber der Strand mit bizarren Felsen, flacher Lagune, in allen Türkis-, Grün- und Blautönen schimmerndem Wasser lohnt den Weg hierher. → S. 134

1 MERIAN EMPFEHLUNG

Strände bei Plakiás
Herrliche Strände locken bei Plakiás. Von hier schwimmt oder geht man nach Mikró Ammoúdi (»Schweinebucht«) und etwas weiter zum größeren Strand Ammoúdi, wo ein Bach ins Meer mündet. → S. 169

Elafónissos
Kilometerlanger Strand aus Feinsand, Kies und zerriebenen Muscheln an der Westküste. Lagune mit extrem flachem Wasser, ideal für Kinder. → S. 132

Falássarna
Kilometerlanger, stellenweise bis zu 200 m breiter Sandstrand an der Westküste mit hohen Dünen im Hintergrund, weitgehend menschenleer. → S. 133

Kaliváki
Windstiller Strand nahe Georgioúpolis mit malerischer Kapelle und eiskaltem Fluss, der hier ins Meer mündet. → S. 120

Durch das seichte Wasser kann man vom Strand Elafónissos zu der vorgelagerten Insel waten, Heimat der bedrohten Caretta-Caretta-Schildkröte.

Paleóchora

Auf beiden Seiten der Halbinsel erstrecken sich Strände: im Osten ein gepflegter Kieselstrand, im Westen ein feiner Sandstrand mit Schatten spendenden Tamarisken. Bei klarem Wetter erkennt man Gávdos. → S. 129

Préveli

Der einzigartige Grobsandstrand ist nur knapp 200 m lang, liegt aber bildschön vor dem Ausgang eines von Palmen bestandenen Canyons. Über den Strand schlängelt sich ein kalter Gebirgsbach ins Meer, auf dem man auch Tretboot fahren kann. Der Strand ist nur zu Fuß oder per Boot von Agía Galíni, Plakiás und Damnóni aus zu erreichen. → S. 166

Váï

Kretas vielleicht berühmtester Strand zieht sich an einem herrlichen Palmenhain entlang, ist aber durch viele Tagesausflügler während der Saison völlig überlaufen. Am besten genießt man den Palmenstrand deshalb spätnachmittags, wenn die Ausflugsbusse längst wieder auf dem Heimweg sind. → S. 190

UNTERWEGS AUF KRETA

Sie sind wahre Kletterkünstler und bisweilen
an schwindelerregenden Stellen zu erblicken:
die kretischen Wildziegen.

PRÄFEKTUR IRÁKLIO

In Iráklio betreten die meisten Besucher kretischen Boden – glücklich, wer morgens mit dem Schiff aus Piräus anreist und im Dunst die Silhouette der Stadt mit ihren venezianischen Mauern erblickt. Die Schiffssirene ertönt, und am Hafen beginnt ein munteres Treiben.

In der Mitte Kretas lebt fast die Hälfte der Inselbewohner – und östlich der Inselhauptstadt Iráklio konzentriert sich der (Massen-)Tourismus. Das ist gut so, denn man kann ihm leicht aus dem Weg gehen: Ein paar Kilometer jenseits des Küsten-Highways liegt liebliches, **einsames Hügelland,** das Rebstöcke und Olivenhaine prägen. Seit Jahrtausenden ist die große **Ebene Messará** Kornlieferant der Insel.

IRÁKLIO (HERÁKLION) J/K 3–4

Karte → S. 55

131 000 Einwohner

Brutale Betonbauten, neoklassizistische Ruinen, wuchtige Renaissance-Bastionen, feine Villen und viel Gesichtsloses: Die Einwohner von Iráklio haben es nicht leicht, Besucher von der Schönheit ihrer Stadt zu überzeugen. Ungeordnet, zerrissen, beliebig scheint das Häusermeer aus Flachbauten, verschandelt von Werbeflächen. Und so wollen die meisten die **viertgrößte griechische Stadt** möglichst schnell wieder verlassen. Zu Unrecht! Denn die Geschichte von Iráklio reicht weit zurück: Die »Stadt des Herakles« war der **minoische Hafen von Knossós.** Die Römer nannten sie Kastron, die Araber »Rabd al-Khandaq«, die Burg mit dem Graben. Daraus machten die Byzantiner Chandax und die Venezianer **Candia.** 460 Jahre blieb es der wichtigste Handelsposten Venedigs und besaß wie die

Das Kastell Koúles (s. S. 57) im Hafen von Iráklio diente als mächtiges Bollwerk gegen die Feinde der Serenissima.

Mutterstadt einen Markusplatz mit Markuskirche, Loggia und Dogenpalast. In der Klosterschule der Heiligen Katharina vom Berg Sinai unterrichteten berühmte Gelehrte u. a. den jungen Doménikos Theotokópoulos in der Ikonenmalerei. 21 Jahre verteidigte sich Candia, bis es sich schließlich doch 1669 den Osmanen ergeben musste und Kreta zur Provinz des Sultanats von Konstantinopel verkümmerte.

So ist die Geschichte Iráklios auch die Geschichte einer verheerenden Zerstörung kulturellen Erbes und menschlichen Leids: Fast die gesamte Stadt wurde 1856 durch ein **Erdbeben** zerstört. 1923, knapp 70 Jahre später musste sie innerhalb nur weniger Tage 20 000 Flüchtlinge aus Kleinasien aufnehmen, der Stadtteil Néa Halikarnassós erinnert daran. Von den Verlusten durch die deutsche Bombardierung hat sich das alte Iráklio bis heute nicht erholt. In den Nachkriegsjahren setzte eine fatale **Betonbauwut i**n der Wirtschaftsmetropole und dem mit Flughafen und Hafen wichtigen Drehkreuz ein.

Erst in den letzten Jahren hat ein Umdenken eingesetzt: Eine herrliche Meerespromenade lädt zum Flanieren und Jog-

gen ein, viele Straßen wurden in gepflasterte Fußgängerzonen verwandelt, alte Fassaden renoviert. Iráklio ist keine »Beauty Queen« geworden, hat aber erheblich an Lebensqualität gewonnen – und besitzt die **sehenswertesten Museen Kretas.**
www.heraklion.gr

Sehenswertes

❶ NATURHISTORISCHES MUSEUM

Hauptattraktion des modernen, in einem ausrangierten Elektrizitätswerk eingerichteten Museums nicht nur zur Naturgeschichte Kretas, sondern ganz Griechenlands ist ein **Erdbeben-Simulator** im Kellergeschoss. Da sitzt man sicher auf alten Schulbänken und kann jede halbe Stunde am eigenen Leib erfahren, wie sich für die Betroffenen einige der weltweit schwersten Erdbeben anfühlten. Nicht nur Kinder werden ihre Freude an riesigen Dioramen mit ausgestopften Tieren und Terrarien mit lebenden Reptilien haben. Das Museum wird von der Universität Kreta betrieben und ist als solches auch ein wichtiges **Forschungsinstitut.**
Sofoklí Venizélou | www.nhmc.uoc.gr | Mo–Fr 9–15, Sa/So 10–18 Uhr | Eintritt 7,50 €, erm. 4,50 €

❷ HISTORISCHES MUSEUM

Das Museum erzählt anhand von sorgfältig ausgewählten Karten und Funden die **Stadtgeschichte** von den ersten christlichen Jahrhunderten bis in die Moderne. Liebhaber der Literatur wird das Arbeitszimmer und die Bibliothek des berühmten Sohns der Stadt Níkos Kazantzákis begeistern. Der größte Schatz des Museums sind zwei kleine **Gemälde von El Greco,** die »Taufe Christi« und »Blick auf den Berg Sinai mit dem Katharinenkloster«. Es handelt sich um die einzigen auf Kreta befindlichen Werke des kretischen Malers überhaupt, gemalt kurz nach seiner Ankunft in Venedig Ende der 1560er-Jahre! Besonders interessant ist Raum 1 im Erdgeschoss. Unter den drei venezianischen Brustpanzern in der Raummitte erfährt der waffentechnische Laie ganz Erstaunliches: Zu sehen sind

ráklio

SEHENSWERTES

1 Naturhistorisches Museum
2 Historisches Museum
3 Ágios Pétros
4 Hafenkastell Koú-les/Rocca a Mare
5 Ágios Títos
6 Venezianische Loggia (Rathaus)
7 Ágios Márkos
8 Morosini-Brunnen
9 Ikonenmuseum
10 Ágios Minás
11 Bembo-Brunnen
12 Grab von Níkos Kazantzákis
13 Stadtwall
14 Archäologisches Museum ★

ÜBERNACHTEN

1 GDM Megaron
2 Olive Green
3 Veneziano Boutique Hotel

ESSEN UND TRINKEN

4 Ippókambos
5 Ladókolla
6 Terzákis
7 Frescobites
8 Kirkor
9 Chálavro
10 Crêperie Háris
11 Tsichláki

EINKAUFEN

12 Cook Shop

Wenn Steine erzählen könnten … Die Kirche Ágios Títos hat im Laufe der Jahrhunderte viele Eroberer kommen und gehen sehen.

venezianische Handgranaten aus Glas und Ton sowie Kupfer. Dominiert wird der Raum von einem riesigen **Modell der venezianischen Stadt** um 1645 im Maßstab 1:500.

S. Venizélou 27 | www.historical-museum.gr | Mo–Sa 9–17, So ab 10.30, Nov.–März 9–15.30 Uhr, Di u. an Feiertagen geschl. | Eintritt 5 €, erm. 3 €

❸ ÁGIOS PÉTROS

70 Jahre lang war die mittelalterliche Kirche im westlichen Teil der Altstadt nahe dem Meer erst Ruine und dann Baustelle. Deutsche Bomben hatten die ehemalige Dominikanerkirche San Pietro aus dem 14. Jh. zerstört. Seit 2013 ist sie wieder vollständig aufgebaut und der Öffentlichkeit zugänglich. Das tut dem Stadtbild gut. Innen ist die einschiffige **gotische Hallenkirche** aber bis auf winzige, kaum noch erkennbare Freskenreste völlig schmucklos. Außen sind im Boden rund um den Chor minimale Mauerreste aus hellenistisch-römischer, frühbyzantinischer und arabischer Zeit sichtbar. Die Kirche wird heute gelegentlich für **Ausstellungen** und **Konzerte** genutzt, Gottesdienste finden hier nicht mehr statt.

Leof. Sof. Venizélou | variable Öffnungszeiten

❹ HAFENKASTELL KOÚLES/ROCCA A MARE

Zum Schutze von Hafen und Stadt erbauten die Venezianer von 1523 bis 1540 ein zweistöckiges Kastell. Die hier beginnende Hafenmole ist nur gen Westen mit dem Festland verbunden und bietet einen schönen Blick auf die Stadt. Das sorgfältig restaurierte Innere des Kastells lädt zur Entdeckungsreise ein – wichtige historische Epochen wie die 21-jährige **Verteidigung Iráklios gegen die Osmanen** werden beleuchtet. Besonders spannend sind die Funde von römischen, byzantinischen und venezianischen **Schiffswracks.** Einige davon barg der französische Meeresforscher **Jacques-Yves Cousteau** vor der Kreta vorgelagerten Insel Día. Cousteau suchte in den 1970er-Jahren das legendäre Atlantis zwischen Santorin und Kreta und entdeckte vor Día Überreste eines minoischen Hafens und mehrere versunkene Schiffe. Das Kastell trägt noch immer seinen türkischen Namen Kule (Turm). Aus osmanischer Zeit stammen auch die dekorativen Zinnen der Burg.

Venezianischer Hafen | im Sommer tgl. 8–20, im Winter 8–15 Uhr oder länger | Eintritt 2 €, erm. 1 €

❺ ÁGIOS TÍTOS

Byzantiner, Venezianer, Osmanen – und immer wieder Erdbeben: Die Baugeschichte des Gotteshauses spiegelt die wechselhafte Geschichte der Insel. Als **orthodoxe Metropolitenkirche** ersetzte sie in byzantinischer Zeit das religiöse Zentrum des von den Arabern zerstörten Górtis und beherbergte die hoch verehrte **Schädelreliquie des Heiligen Titus,** des vom Apostel Paulus eingesetzten ersten Bischofs der Insel. Diese wurde 1667 von den Venezianern in die Markuskirche nach Venedig abtransportiert und erst 300 Jahre später zurückgegeben. Die vergoldete, viel geküsste Reliquie ist in der Seitenkapelle der Vorhalle ausgestellt. Der heutige Bau stammt aus osmanischer Zeit und ist als ursprüngliche Moschee nach Mekka ausgerichtet. Erst als die letzten Türken nach dem Lausanner Vertrag die Insel verlassen hatten, wurde der Zentralbau 1925 wieder als christliche Kirche mit drei Apsiden geweiht.

Plateía Agíou Títou | tgl. geöffnet

6 VENEZIANISCHE LOGGIA (RATHAUS)

Der nur noch in Teilen original erhaltene Arkadenbau aus dem Jahr 1628 diente dem venezianischen Adel als mondäner Ort der Begegnung und des geistigen Austauschs, als Handelskammer und Club der Entscheidungsträger. Dahinter schloss sich das Waffenlager, die »Armeria von Candia«, an. Heute befindet sich hier das **Rathaus von Iráklio.** Der Blick vom halbrunden Innenhof des Renaissance-Palastes in den meist tiefblauen Himmel ist ein beliebtes Fotomotiv.

25 Avgoústou

7 ÁGIOS MÁRKOS

Um nach jahrelangen Auseinandersetzungen mit den Genuesen die venezianische Herrschaft zu manifestieren, wurde in Candia eine **Markus-Basilika** (1239) errichtet, die dem Schutzpatron Venedigs geweiht war und als **Grablege der Herzöge von Kreta** diente. Während der gesamten venezianischen Periode war das Gotteshaus auch Sitz des lateinischen Erzbischofs von Kreta. Viele Jahrhunderte später ersetzten die Osmanen den einst prächtigen Campanile durch ein Minarett – die einstmals wichtigste Kirche der Stadt wurde in eine Moschee verwandelt. Auch davon ist nichts mehr zu erkennen, sieht man von ein paar Grundmauern ab: Heute organisiert die **städtische Pinakothek** im ehemaligen Kirchenschiff zwischen Pfeilern und Arkaden bisweilen wechselnde Ausstellungen zeitgenössischer Kunst. Es ist ein stimmungsvoller und zugleich auch so geschichtsträchtiger Ort!

Plateía Venizélou, wechselnde Öffnungszeiten

8 MOROSINI-BRUNNEN

Das Wahrzeichen der Stadt ist der 1628 von Francesco Morosini d. Ä. gestiftete Brunnen mit vier wasserspeienden Löwen. Gewöhnlich treffen sich die Heraklioten *sta liondária*, bei den Löwen, in einem der vielen Straßencafés und Imbisslokale. Der Brunnen war Endpunkt einer 15 km langen Quellwasserleitung vom Berg Joúchtas, mit der die **Trinkwasserversorgung der Stadt** wesentlich verbessert wurde. Francesco Morosini ist

Nach dem Zweiten Weltkrieg aufwendig restauriert, ist die venezianische Loggia heute ein touristisches Muss, nicht nur für Architekturfans.

der Onkel des gleichnamigen Morosini, der 1669 die Stadt Iráklio gegen die Osmanen verteidigte und 1688 seine Kanonen gegen das Waffenlager der Osmanen in Athen richtete – das im Parthenon-Tempel untergebracht war. Zur Türkenzeit wurde der Brunnen verbaut, indem man an den acht Becken Wasserhähne zur rituellen Waschung anbrachte, wodurch leider die Reliefs mit den mythologischen Motiven stark in Mitleidenschaft gezogen wurden.
Plateía Venizélou

⑨ IKONENMUSEUM
In der einstigen Kirche der **Klosterschule der Heiligen Katharina vom Berg Sinai** aus dem Jahr 1555 befindet sich heute ein Museum mit liturgischen Geräten und religiösen Kunstobjekten, darunter eine Reihe herausragender Ikonen, zu denen auch sechs Werke des wichtigsten Vertreters der sogenannten Kretischen Schule, **Michaíl Damaskinós** (ca. 1530–92), gehören, der an diesem Ort seine erste Ausbildung erhielt, bevor er nach Venedig aufbrach.
Plateía Ekaterínis | www.iakm.gr | April–Okt. tgl. 9.30–19.30, So ab 10.30, Nov.–März tgl. 9.30–18 Uhr | Eintritt 4 €

⑩ ÁGIOS MINÁS

Die prächtigste Kirche der Stadt ist dem Stadtpatron Iráklios geweiht und bietet Platz für 8000 Gläubige. Die **Kreuzkuppelkirche** mit fünf Schiffen stammt aus dem späten 19. Jh. Sie ist innen vollständig mit Fresken nach dem tradierten byzantinischen ikonografischen Programm ausgemalt. Gleich daneben steht die ältere **kleine Ágios-Minás-Kirche** mit einer fein geschnitzten Ikonostase aus dem 18. Jh. Das kleine Gotteshaus diente während der türkischen Herrschaft als **Bischofskirche Iráklios,** nachdem die Ágios-Títos-Metropolitenkirche zur Moschee umfunktioniert worden war. In osmanischer Zeit behielt die orthodoxe Kirche zwar ihren autonomen Status, doch durften Kirchen nicht höher als Moscheen gebaut werden. Nach der Zerstörung durch das große Erdbeben von 1856 wurde die Minás-Kirche neu erbaut und mit Glockentürmen versehen. Iráklios Schutzherr, der Heilige Minás, soll seine schützende Hand sowohl in der osmanischen Zeit als auch während der deutschen Bombardierung 1941 über die christliche Bevölkerung gehalten haben. Die große Kirche ist ständig, die kleine nur selten geöffnet.

Plateía Ekaterínis

⑪ BEMBO-BRUNNEN

Auch die Venezianer erkannten den Reiz von Antiquitäten: Am Ende der Marktgasse Odós 1866 steht ein **Brunnen aus dem 16. Jh.,** den sie mithilfe eines römischen Sarkophags und einer kopflosen römischen Statue aus Ierápetra gestalteten. Direkt neben dem nach seinem Stifter Giambattista Bembo benannten Brunnen erblickt man zudem ein **Brunnenhaus,** das aus türkischer Zeit stammt.

Odós 1866/Ecke Plateía Kornárou

⑫ GRAB VON NÍKOS KAZANTZÁKIS

Die orthodoxe Kirche verweigerte dem wortgewaltigen Schriftsteller (1883–1957), Sohn eines einfachen Kaufmanns, ein kirchliches Begräbnis wegen seiner als ketzerisch eingestuften Romane »Askese« und »Die letzte Versuchung« (die nicht unerheblich zu seinem Ruhm beitrugen und noch Jahrzehnte später in der Verfilmung von Martin Scorcese kontrovers diskutiert wurden). So fanden die sterblichen Überreste des vielseitig begabten Haderers, Kommunisten und Freigeists, der in Freiburg im Breisgau gestorben war, unter großer Anteilnahme der kretischen Bevölkerung am 5. November 1957 auf der venezianischen **Martinéngo-Bastion** eine letzte, ausgesprochen schlichte Ruhestätte. Sie bietet den besten Blick über die Dächer Iráklios und auf den Berg Joúchtas, wo der Legende nach ein anderes Grab liegt, das des Zeus. Die griechischsprachige Inschrift auf der Grabplatte zitiert den Dichter, dessen Werk zeitlebens um die zentralen Themen Leben, Tod, Freiheit und Liebe kreiste. Neben Níkos Kazantzakis liegt auch seine zweite Frau Eléni auf der Bastion begraben.

»Ich erhoffe nichts. Ich fürchte nichts. Ich bin frei.« – so die Inschrift auf dem schlichten Grab des großen Schriftstellers Níkos Kazantzákis (1883–1957).

Freier Zugang über die Plastíra

🔵 STADTWALL

Rund **3 km lange Mauern** mit sieben Bastionen und vier Toren, errichtet im 16. und 17. Jh., beschützten 0,8 km² Stadtfläche von Candia/Iráklio, als die Türken die Stadt zwischen 1648 und 1669 21 Jahre lang belagerten. Die venezianische Festungsmauer, die heute das Stadtbild von Iráklio beherrscht, war keine neue Idee, sondern hatte sich aus einer ersten arabischen Stadtmauer aus Lehmziegeln, einem tiefen sarazenischen Graben, der der Stadt den Namen Rabd al-Khandaq gab, und byzantinischen Befestigungen mit Zinnen und Wehrtürmen entwickelt. Angesichts der zunehmenden osmanischen Bedrohung feilten die Venezianer zwei Jahrhunderte lang mithilfe der zwangsverpflichteten Bevölkerung an einer **hochmodernen Verteidigungsanlage.** Genutzt hat sie letztlich wenig. Heute laden die Stadtmauern zu einem lohnenswerten **Spaziergang** ein, am schönsten frühmorgens oder im weichen Licht der Abenddämmerung.

⑭ ARCHÄOLOGISCHES MUSEUM

Zu Beginn des 20. Jh. wurden quasi alle Funde der archäologischen Ausgrabungsstätten Kretas nach Iráklio gebracht. Sie bilden den Grundstock der Sammlung. Das Gebäude des Architekten Pátroklos Karantínos stammt aus den 1930er-Jahren und ist ein hervorragendes Beispiel der griechischen Avantgarde. Das größte Archäologische Museum Kretas besitzt dank seiner einzigartigen Ausstellungsstücke aus minoischer Zeit Weltrang. Es ist didaktisch hervorragend aufbereitet. Im Erdgeschoss sind v. a. Keramik, Grabfunde und Skulpturen thematisch und chronologisch vom Neolithikum bis in die Römerzeit ausgestellt, das Obergeschoss ist der minoischen Malerei und einer kleinen griechisch-römischen Sammlung gewidmet. Zu den wertvollsten Objekten im Museum gehören:

– Eierschalenware. So nennt man die feinste Keramik aus der Altpalastzeit 2000–1700 v. Chr. Sie hat eine Gefäßwandstärke von maximal 1 mm.

– Minoische Hausfassaden. Sie sind auf den 25 Fayence-Plättchen eines Stadtmosaiks abgebildet. Mit ihrer Hilfe kann man sich ein gutes Bild vom Aussehen minoischer Städte machen.

– Diskus von Festós. Die 2 cm dicke, 1908 entdeckte Tonscheibe aus der Zeit um 1550 v. Chr. ist beidseitig mit 241 noch nicht entzifferten Hieroglyphen bestempelt und gilt nicht nur unter Archäologen als eines der größten Rätsel der Erde.

– Schlangengöttinnen. Die beiden Fayence-Statuetten zeigen weibliche Figuren (Erdgöttinnen?) mit nackten Brüsten, die Schlangen in den Händen halten. Sie stammen aus der Neupalastzeit, 1700–1450 v. Chr., die als Blütezeit der minoischen Zivilisation gilt.

– Stier-Rhyton. Dieses Gefäß aus schwarzem Steatit stammt aus Knossós und wird in die Zeit 1550 v. Chr. datiert. Es hat die Gestalt eines Stierkopfes mit Augen aus Bergkristall und Jaspis sowie (rekonstruierten) goldenen Hörnern und besitzt je eine Öffnung im Nacken und unterhalb des Mauls. Vermutlich wurde es als kultisches Trink- und Opfergefäß genutzt.

Handelt es sich um Prinzessinnen? Zumindest müssen die »Damen in Blau« von höherem Stand gewesen sein. Darauf deuten Schmuck und Kleidung hin.

– Bienenanhänger. Das goldene Teil eines Halsgeschmeides ist das wohl populärste minoische Schmuckstück aus der Altpalastzeit (2000–1700 v. Chr.) und wird als Kopie auch in vielen Juweliergeschäften der Insel angeboten. Es zeigt zwei Bienen, die einen Honigtropfen in einer Wabe deponieren.

– Kretische Schriften. Beispiele für die noch nicht entzifferte kretische Schrift Linear A und die sie um 1450 v. Chr. ablösende und bereits 1952 entzifferte Linear-B-Schrift.

– Schnittervase. Ein Gefäß aus Steatit mit einem Relief, das Männer auf dem Heimweg von der Feldarbeit zeigt.

– Minoische Wandmalereien. Die rund 3500 Jahre alten Fresken zeigen Tiere und Pflanzen, Männer und Frauen, Prozessionen und kultische Feiern. Die Wandmalereien stammen aus Palästen und Villen in Knossós und Amnissós, Agía Triáda und Tilissós. Große Teile sind, leicht vom Original unterscheidbar, rekonstruiert. Die eindrucksvollsten Wandmalereien zeigen Stierspringer, die wegen ihrer Eleganz so genannte »Pariserin«, Delfine, die kunstvoll frisierten »Damen in Blau« sowie den »Lilienprinz«.

Sie sorgt nach wie vor für Diskussionsstoff unter Archäologen: die »Schlangen-
göttin« von Knossós. Vielen gilt sie als Beweis für ein Matriarchat.

VON MYTHEN, MÄCHTEN UND MINOERN
Bestseller seit 3000 Jahren

Vor der weltberühmten und erstaunlich kleinen Schlangen-
göttin im **Archäologischen Museum in Iráklion** (→ S. 62) hat
sich eine Gruppe junger Amerikaner versammelt. »Warum«,
will einer von ihnen wissen, »haben die kretischen Frauen den
minoischen Brauch aufgegeben, T-Shirts zu tragen, die die
Brust völlig entblößen?« Die kretische Fremdenführerin ist
um eine Antwort nicht verlegen. Die weibliche Brust, erklärt
sie, ist das Symbol des Lebens und der Fruchtbarkeit. Und genau deshalb kommt der Frau eine eminent wichtige Rolle in
der minoischen Kultur zu. **Frauen** hatten hohe Ämter inne, sie
leiteten als **Priesterinnen** religiöse Feiern und genossen Rechte und Freiheiten, für die anderswo Frauen lange kämpfen
mussten. Auf den ersten Blick mag Kreta eine patriarchalische
Gesellschaft gewesen sein. Aber es waren die Frauen, die die
Männer dominierten! Die **Schlange** hingegen steht für Gift,

den Tod, aber auch Medizin. Leben und Tod, das ist es, was alle Lebewesen ausmacht. Ein paar Schritte weiter steht die Gruppe vor dem weltberühmten **Fresko aus Knossós**, das eine Gruppe von drei Akrobaten beim Stiersprung zeigt. Der eine packt den Stier buchstäblich bei den Hörnern, um sich im nächsten Moment über das Tier zu katapultieren. Auch die phönizische **Prinzessin Europa** zögerte keinen Augenblick und ließ sich von dem in einen Stier verwandelten **Zeus** auf den nach ihr benannten Kontinent entführen. Noch heute nutzen wir die Redewendung, um Mut und Willensstärke zu zeigen.

Ihr gemeinsamer Sohn ist jener **Minos**, nach dem der Ausgräber Sir Arthur Evans die älteste Hochkultur Europas benannte. Minos pflegte eine nicht unproblematische Beziehung zu Stieren. Seine Frau Pasiphae verliebte sich über alle Maße in einen Stier und gebar aus dieser Beziehung ein Schreckgespenst, den **Minotaurus**, halb Mensch, halb Stier. Kein Wunder, dass Minos diesen ungeheuerlichen Stiefsohn daraufhin in ein Labyrinth einsperrte, wo er regelmäßig Knaben und Mädchen verschlang, bis **Theseus** als Retter auftauchte und mithilfe des **Ariadne-Fadens** nicht nur ins Labyrinth hinein-, sondern vor allem wieder hinausfand. Der Sagenstoff ist seither in der Literatur, Kunst, Oper, Psychologie unendlich viele Male wiederholt und weitergesponnen worden.

Die griechische Fremdenführerin braucht nicht weiterzusprechen, ihre amerikanischen Gäste sind sattelfest in der griechischen Mythologie, ganz ohne humanistischen Bildungsballast. Der amerikanische Bestsellerautor Rick Riordan hat mit seiner »Percy-Jackson«-Reihe und »Helden des Olymp« geschafft, was vor ihm nur Gustav Schwab gelungen war: eine ganze Generation von Kindern und Jugendlichen fit zu machen in der griechischen Mythologie. Sein Geheimrezept: Die alten Geschichten werden in unsere Zeit transportiert und in heutiger Sprache erzählt. Genauso verfährt die höchst amüsante ARTE-Zeichentrickserie des französischen Cartoonisten Jul »50 shades of Greek« und beweist: Die kretischen Geschichten von Ikaros, Dädalos, von Theseus und Phädra, zeitgemäß präsentiert, sind wahre Evergreens.

– Minoische Sarkophage. Von den vielen auf minoischen Friedhöfen Kretas gefundenen Kalksteinsärgen ist der von Agía Triáda am schönsten. Auf einer der Längsseiten ist eine Priesterin zu sehen, die einen Stier opfert. Auf der anderen Längsseite erkennt man zwei Doppeläxte, zwischen denen Frauen eine Flüssigkeit in ein Gefäß schütten – Öl oder vielleicht auch Stierblut. Daneben tragen drei Männer zwei Opfertiere und das Modell eines Bootes zu einer Gestalt ohne Arme, die vor einem Kultschrein steht.

Xanthoudidou 1/Ecke Chatzidáki | www.heraklionmuseum.gr | April–Okt. tgl. 8–20, Di 10–20 Uhr, im Winter kürzer | Eintritt 12 €, erm. und im Winter 6 €, Kombi-Ticket mit Knossós 20 €, erm. 10 €

Übernachten

① *Gehoben*
GDM MEGARON

Das denkmalgeschützte Haus wurde in den 1920er-Jahren vom Konsortium und Zitronenexporteur Fytáki-Kasapáki hoch über dem Hafen erbaut und entwickelte sich schnell zum sozialen Treffpunkt der Gesellschaft Iráklios. Das modern-elegant eingerichtete Haus hat jeden seiner fünf Sterne verdient.

Beaufort 9 | Tel. 28 10 40 53 00 | www.gdmmegaron.gr | 58 Zimmer | €€€€

② *Umweltfreundlich*
OLIVE GREEN

Modernes, zentral gelegenes Hotel mit minimalistischem Design. Ein gelungener Versuch, traditionell Kretisches und Modernes in Einklang zu bringen. Weiß und Olivgrün setzen schöne Farbakzente.

Idomenéos 22 | Tel. 28 10 30 29 00 | www.olivegreenhotel.com | 48 Zimmer | €€€

③ *Denkmalgeschützt*
VENEZIANO BOUTIQUE HOTEL

Das entzückende und ansprechend renovierte Haus geht auf die venezianische Zeit zurück und war die Residenz des Aga unter den Osmanen. Für Familien stehen spezielle Maisonette-Zimmer zur Verfügung. Es wird ein hervorragendes Frühstück serviert, der Service ist sehr gut.

Kazantzáki/Ecke 1770 | Tel. 28 10 34 47 58 | www.veneziano.gr | 6 Zimmer | €€

Stylish und umweltbewusst zugleich – so das Konzept des Olive Green Hotels. Und es ist nur einen Katzensprung vom Archäologischen Museum entfernt!

Essen und Trinken

④ *Fisch und Meer*
IPPÓKAMBOS

Wer Glück hat, ergattert einen Platz im Freien mit Blick aufs Kastell. Die Kellner sausen über die Straße, um Fischspezialitäten und unzählige Mezedes auf großen Tabletts zu balancieren. Trotz der Lage in der Nähe des Hafens ein Einheimischentreff.

Sofoklí Venizélou 3 | Tel. 28 10 28 02 40 | tgl. ab 12.30 Uhr | €€

⑤ *Gemeinsam genießen*
LADÓKOLLA

In der Nähe des Fischerhafens drängen sich die *rakádika*-Lokale. Hier bestellt man keine Tellergerichte, sondern viele verschiedene Kleinigkeiten: z. B. Risotto mit frischem Gemüse, mariniertes Schweinekotelett oder gebratene Gemüse, kretischen *graviéra*-Käse und *dákos*, die kretische Variante der italienischen Freselle.

Zótou/Ecke Marinéli | Tel. 28 10 25 63 91 | tgl. ab 18 Uhr | €

⑥ *Ohne Sprachprobleme*
TERZÁKIS

In der originellen »ouzerí« liegt eine griechisch- und englischsprachige Liste mit den Speiseangeboten auf den Tischen. Man kreuzt darauf an, was man gern serviert haben möchte, darunter viele verschiedene Vorspeisen, die man dann in der Runde teilt.

Marinélli 17 | tgl. ab mittags, So erst ab 18 Uhr | €€

⑦ *Gesund und lecker*
FRESCOBITES

Frisch gepresste Säfte und Smoothies für den schnellen Vitaminkick direkt am Morosini-Brunnen.

Plateía Eleftheríou Venizélou | www.frescobites.gr

⑧ *Für zwischendurch*
KIRKOR

Die Gries-Creme-Pítta Bougátsa kommt aus Nordgriechenland, ist aber auch auf Kreta Kult!

Plateía E. Venizélou

⑨ *Chill-out*
CHÁLAVRO

Der Untertitel Open Bar ist wörtlich zu verstehen: Die riesige Bar befindet sich in einer Bauruine. Hier schlürft Kretas Jeunesse dorée ausgezeichnete Cocktails.

Milátou 10 | www.xalavro.gr

⑩ *Satt und glücklich*
CRÊPERIE HARIS

Nach einer ausführlichen Besichtigung des Archäologischen Museums kann man sich vis-à-vis mit den leckeren kretischen Pfannkuchen stärken. Die Auswahl ist riesig, die Portionen sind groß.

Sapoutié 1 | tgl. 10–1 Uhr | €

⑪ *Für Kaffeesüchtige*
TSICHLÁKI

Eine Rösterei in der Marktgasse von Iráklio bietet Kaffeegenüsse auf international höchstem Niveau, darunter Spitzensorten wie der Jamaica Blue Mountain, Brasil Santos oder ein köstlicher koffeinfreier Espresso.

Odós 1866/Ecke Kartérou

Einkaufen

Souvenirs aller Art gibt es außer an der Plateía Venizélou und der Plateía Eleftherías vor allem in den beiden Straßen, die die Plätze miteinander verbinden. Kleine Antiquitätenläden verführen in der Koraï zum Kauf.

⑫ *Zum Stöbern*
COOK SHOP

Küchenaccessoires für kleine und große Konditoren und Köche, viele Geschenkideen.

Odós 1821 Nr. 41 | Mo, Mi, Sa 9.30–15, Di, Do, Fr 9.30–14, 17.30–21 Uhr

Abendgestaltung

Ältere Einheimische und Familien flanieren abends gern auf der **Plateía Eleftherías** mit ihren Straßencafés; auch ein von Touristen für einen Drink bevorzugter Platz ist der **Morosini-Brunnen**. Junge Kreter treffen sich in den Straßencafés in der **Koraï**, später geht man in Musik-Bars wie das **Rock Café Route 66** in der Chandakós.

Kinoabende unter dem Sternenhimmel erlebt man in den Sommerkinos **Galaxías** (in der Leofóros G. Papandréou)

und **Romántika** (Lefteréou). Zum Händchenhalten in historischem Ambiente bei Kerzenschein und sanfter Musik ist die elegante **Bar Veneto** (Epimenídou 7–9) ideal.

In den heißen Sommermonaten zieht das **Heraklion Summer Arts Festival** viele Besucher zu Konzerten klassischer, griechischer und internationaler Musik, zu Theateraufführungen und Tanz an. Eine beliebte Spielstätte ist das Freilufttheater **Kipothéatro Níkos Kazantzákis** am venezianischen Wall. Infos unter www.heraklion.gr.

AGÍA PELAGÍA J3

Ca. 600 Einwohner im Sommer, im Winter nur ein paar Dutzend

Der Ort hat wegen mehrerer Großhotels zwar durchaus touristische Bedeutung, ist jedoch vor allem ein beliebter Badeort für die Einheimischen. Der öffentliche Strand ist sehr schmal, direkt dahinter verläuft die ebenso schmale, von vielen Cafés und Restaurants gesäumte Uferpromenade. Auch bei starkem Wind an der Nordküste ist die fast kreisrunde Bucht gut geschützt und das Wasser stets sauber.

Essen und Trinken

Kykladen-Feeling
ALMYRA
Das Almyra ganz hinten am Strand ist ein Traum in Weiß-Blau, Lounge, Café, Bar und

Restaurant in einem. Gerichte wie ein Tomaten-Feta-Salat werden durch Kapernblüten aufgepeppt, das Risotto mit Pilzen ist ein Gedicht.
Tel. 028 10 81 13 88 | www.almyra crete.gr | Mai–Okt.

FÓDELE J3

Ca. 450 Einwohner

Das hübsche Dorf gilt als Geburtsort von Kretas berühmtestem Maler. Als **El Greco** wurde er in Spanien und in aller Welt berühmt, als Doménikos Theotokópoulos wurde er 1541 in Fódele geboren. Sein kleines **Geburtshaus** liegt etwas außerhalb im längst verlassenen Ort Lumbiniés und beherbergt ein kleines Museum mit Kopien einiger Werke El Grecos. Theotokópoulos erhielt an der Klosterschule der Heiligen Katharina vom Berg Sinai in Iráklio klassischen Unterricht in der Ikonenmalerei und reiste mit 25 Jahren nach Venedig, wo er sich bei Tizian weiterbildete. Die römische Farnese-Familie förderte den jungen Maler, der sich fortan »Der Grieche« nannte und sich später im spanischen Toledo niederließ. Seine Werke unterzeichnete er jedoch stets mit seinem griechischen Namen und fügte ein »Kres« für »Kreter« hinzu. Unterhalb des Museums bildet ein uriges *kafeneío* eine Oase der Ruhe, gleich gegenüber steht eine dreischiffige **byzantinische Marienkirche** mit wertvollen Fresken und einer eleganten Tambourkuppel mit elf Fenstern. In Fódele locken Souvenirgeschäfte, am 4 km entfernten Sandstrand kann man in Strandtavernen rasten.

Geburtshaus, 1 km nordwestlich von Fódele (ausgeschildert) | April– Okt. tgl. 9–19 Uhr | Eintritt frei

TILISSÓS J4

1100 Einwohner

In diesem Bergdorf stehen noch die **Überreste** dreier zumindest zweigeschossiger **minoischer Villen**. Kapernzweige überwuchern die 3500 Jahre alten Mauern, Pinien spenden Schatten. Wasserleitungen führten direkt in die Wohnhäuser und speisten Zisternen. Reich verzierte, große Vorratsgefäße sind fast unversehrt, als warteten sie auf ihre nächste Füllung. Die Grundmauern eines mykenischen Baus und eines Altars aus der griechischen Klassik zeugen von einer durchgehenden Besiedlung bis zumindest ins frühe Mittelalter hinein.

Di–So 8.30–15 Uhr | Eintritt 2 €

Ein Dorf ganz im Zeichen seines berühmtesten Sohnes: Fódele sonnt sich in dem Ruhm, den Doménikos Theotokópoulos alias El Greco weltweit genießt.

PROFÍTIS ILÍAS J4

600 Einwohner

Auf jeder griechischen Insel gibt es einen Berggipfel mit Namen Prophet Elias, auf Kreta gibt es gleich mehrere. Durch den gleichnamigen Ort in der Inselmitte verläuft der **Europäische Wanderweg E4,** als Teilstrecke führt er von hier nach Archánes. Der aussichtsreiche Weg ist einfach und eignet sich auch zum Radfahren durchs seit der Antike genutzte Rebland – am schönsten natürlich im Frühjahr, wenn alles in Blüte steht.

Sehenswürdigkeiten

BURGRUINE TÉMENOS/ROCCA

Über dem nur wenig besuchten Dorf im Zentrum Kretas liegen die stattlichen Überreste der im 10. Jh. vom General und späteren Kaiser Nikephóros Phokás gegründeten byzantinischen Festung Témenos. Sie diente in gebührender Entfernung vom Meer als Verteidigungsanlage. In den Auseinandersetzungen zwischen Venezianern und Genuesen besetzte der

Freibeuter Enrico Pescatore im Auftrag der Republik Genua die Burg, die ein Jahrhundert später durch ein Erdbeben zerstört wurde. Die Osmanen nannten sie »Kanli Kastelli«, blutige Burg, in Erinnerung an ein blutiges Massaker, das Christen dort an Muslimen verübt hatten.

VATHÍPETRO K4

In völliger Einsamkeit liegen am Dorfrand mit weitem Blick in die von Rebgärten geprägte Landschaft die **Ausgrabungen eines minoischen Landhauses** aus der Zeit um 1580 v. Chr. Anfangs wohl ein Kultbau, wurde es nach einem Erdbeben um 1550 v. Chr. aber hauptsächlich landwirtschaftlich genutzt. Davon zeugen noch die Überreste einer minoischen Öl- und einer Weinpresse, in der die Trauben mit den bloßen Füßen zerstampft wurden – eine der ältesten der Welt! Zahlreiche hier gefundene Webgewichte weisen auf das einstige Vorhandensein zumindest eines Webstuhls hin. Zudem muss hier einst eine Töpferwerkstatt existiert haben.

Zwischen Archánes und Choudétsi | Di–So 8–15 Uhr | Eintritt frei

PÉZA K4

430 Einwohner

Die meisten Wein- und Olivenbauern der wirtschaftlich wichtigsten Weinregion Kretas, zu der 20 Dörfer gehören, haben sich bereits 1933 zu einer erfolgreichen Genossenschaft zusammengeschlossen. Die **Weinkellerei** stellt aus jährlich etwa 15 000 t Trauben neben einigen der gängigsten Rot-, Weiß- und Rosé-Tafelweine auch den bekanntesten kretischen Retsína Ekávi her. Eine zweite Kellerei im Dorf, Mínos, befindet sich in Privatbesitz. Beide können zwischen Ostern und Mitte Oktober werktags besichtigt werden. In zwei privat betriebenen Ölmühlen werden die jährlich etwa 6000 t von den Genossenschaftsbauern angelieferten Oliven verarbeitet.

Peza Union | www.pezaunion.gr | Mo–Sa 9–17 Uhr
Minos Wines | www.minoswines.gr | Mo–Fr 9–16 Uhr

APÓSTOLI K4

200 Einwohner

Das Bauerndorf in einer der lieblichsten Landschaften Kretas ist ein guter Ferienort für Gäste, die absolute Ruhe suchen. Die einzige und überregionale Sehenswürdigkeit ist die **Kirche des Ágiou Georgíou tou Methistí** aus der Zeit um 1450 mit gut erhaltenen Fresken aus der Erbauungszeit (Schlüssel bitte bei den Nachbarn erfragen). Der »Heilige Georg des Betrunkenen« wird am 3. November und nicht am 23. April gefeiert, wenn der erste Wein des Jahres probiert wird.

Übernachten

Ländlich
ORGON ORGANIC FARM

Die vier Steinhäuser eines Öko-Bauern, erbaut im traditionellen Stil, bieten ein exzellentes Preis-Leistungs-Verhältnis. Vom Hof versorgt Bauer Manólis seine Gäste mit frischen Produkten. Ein Ort zum Abschalten für die ganze Familie.

Apóstoli | Tel. 69 73 79 65 04 | www.orgonfarm.gr | 4 Häuser | €

MYRTIÁ K4

400 Einwohner

Es gibt nur wenige Museen in Griechenland, die sich dem Leben eines Schriftstellers widmen. Das modern gestaltete Haus erinnert an Kretas größten Dichter **Níkos Kazantzákis** (1883–1957) und wurde im Geburtsort seines Vaters neu errichtet. Neben persönlichen Erinnerungsstücken und Fotos aus dem Leben sind die verschiedensten Ausgaben seiner Werke und Modelle für Bühnenbilder zu seinen Theaterstücken zu sehen. Kazantzákis wurde weltweit durch seinen Roman »Aléxis Sorbas« (1946) bekannt, der mit Anthony Quinn in der Titel- (und Lebens-!)rolle meisterhaft von Michael Cacoyannis verfilmt wurde. Für den Film

»Diese kretische Landschaft glich einer guten Prosa: geschliffen, knapp, frei von Schwulst, kräftig und verhalten.«
(Níkos Kazantzákis, 1883–1957)
aus: »Alexis Sorbas« (1983)

komponierte Míkis Theodorákis die Musik. Auch der Sirtá-ki-Tanz hat seinen Ursprung in diesem Meisterwerk der Film-geschichte aus dem Jahr 1964. Die komplizierte Schrittfolge des Sirtós erwies sich für Anthony Quinn als zu schwierig – und so wurde der Sirtáki erfunden, der »kleine Sirtós«.

Kazantzákis-Museum | www.kazantzaki.gr | April–Okt. tgl. 9–17, Nov.–März So–Fr 10–15 Uhr | Eintritt 5 €, erm. 3 €

ARCHÁNES K4

Ca. 4000 Einwohner

Das Winzerstädtchen am Fuß des Berges Joúchtas, auf dem der Legende nach **Zeus** begraben ist, lebt vor allem vom Anbau der Rozáki-Rebe und ist auch für seine Rosinen bekannt. In den 1960er-Jahren entdeckte das Archäologenpaar Giánnis und Efi Sakellarákis hier ein **minoisches Palastzentrum**, das sich bis heute unter dem heutigen Dorf erstreckt. Im Viertel Tourko-geitoniá können einige dreistöckige Räume des Palasts von der Straße aus betrachtet werden. Das **Dorfmuseum** informiert auch über zwei weitere Ausgrabungsstätten in der Nähe.

Sehenswertes

ARCHÄOLOGISCHES MUSEUM VON ARCHÁNES

Kleine Dokumentation der Ausgrabungen von Giánnis und Efi Sakellarákis. In einem schönen, neoklassizistischen Gebäude sind vor allem minoische Keramik und Grabbeigaben wie Schmuck und Alltagsgegenstände ausgestellt.

Nördlich der Platéia | Tel. 28 10 75 27 12 | Öffnungszeiten variieren, meist Mi–Mo 8–15 Uhr | Eintritt frei

Archánes macht gleich zweifach auf sich aufmerksam: als Ort eines weiteren minoischen Palastes, eines Sommersitzes der Herrscher von Knossós? Und als Erinnerungsort für die Entführung des Generals Kreipe 1944 (s. S. 77).

Ein Erdbeben um 1700 v. Chr. zerstörte das Heiligtum von Anemospiliá, dessen Relikte die Theorie eines friedlichen minoischen Reiches ins Wanken brachten.

NEKROPOLE VON FOÚRNI

Der minoisch-mykenische Friedhof von Foúrni ist einer der größten im gesamten ägäischen Raum mit **interessanten Kuppelgräbern.** Über 1000 Jahre diente er den Bewohnern von Archánes als Nekropole. Neben interessanten Grabfunden, darunter Elfenbeinarbeiten und Spiegel, entdeckte man eine **Kelterei,** die auf spezielle Trankopfer hinweist.

Auf dem gleichnamigen Hügel bei Archánes gelegen | Öffnungszeiten u. Eintrittspreise variieren | aktuelle Auskunft im Museum von Archánes

AUSGRABUNGEN VON ANEMOSPILIÁ

Das kleine **minoische Heiligtum** liegt weit oben am Nordhang des heiligen Berges Joúchtas. Dort brachte Giánnis Sakellarákis 1979 den Beweis, dass **Menschenopfer** in minoischer Zeit üblich waren. Er fand einen gefesselten Mann von ca. 18 Jahren auf einem Altar, dem noch eine 40 cm lange messerscharfe Steinklinge in der Brust steckte. Die Entdeckung platzte mitten in die von Arthur Evans entwickelte Idee eines friedlichen, heiteren minoischen Reiches. Klebte also an der unbeschwerten Leichtigkeit der minoischen Kultur Blut? Beruht etwa der Mythos der Menschenopfer, den die Athener jedes Jahr dem Minotaurus darbringen mussten, auf einer wahren Begebenheit?

1,5 km nördlich von Archánes | nur von außen einsehbar

DENKMAL AN DER STELLE DER KREIPE-ENTFÜHRUNG

An der Hauptstraße von Áno Archánes (oberes Dorf) war während der deutschen Besatzung im Zweiten Weltkrieg der Stab der 22. Infanterie-Division stationiert. Dort befand sich im April 1944 der Dienstsitz von **General Heinrich Kreipe**. Am Abend des 26. April 1944 brach Kreipe von hier zu seinem Wohnort in der Villa Ariadne auf. An der Kreuzung hinter Káto Archánes Richtung Knossós, wo sein Wagen stark abbremsen musste, wurde er von einem SOE-Kommando und kretischen Partisanen entführt. Hier steht ein vom Bildhauer Manólis Tsompanákis entworfenes **Denkmal**, das symbolisch das Scheitern der Achsenmächte symbolisiert (→ auch S. 164).

5,4 km südlich von Knossós | Die Kreuzung ist heute ein Kreisel

Essen und Trinken

Traditionell gut
SPITIKÓ
Hier drehen sich oft abends Lämmer und Spanferkel am Spieß über dem Holzkohlefeuer. Dazu wird ein ausgezeichneter Fasswein serviert.

Plateía Archanón | Tel. 28 10 75 15 91 | tgl. ab 11 Uhr, im Winter Mo geschl. | €€

MERIAN TOP 10

KNOSSÓS K4

Der **berühmteste minoische Palast** liegt nur wenige Kilometer südlich der Inselhauptstadt. Hier befand sich in der ersten Hälfte des 2. Jahrtausends v. Chr. das Zentrum der minoischen Kultur. Der gesamte Komplex umfasste etwa 1400 Räume, einzelne Gebäude waren bis zu vier Etagen hoch. Als Residenz darf man sich Knossós allerdings nicht vorstellen, sondern als politisches und wirtschaftliches Zentrum. Hier befanden sich Heiligtümer und Kultbezirke, Wohnhäuser und Werkstätten. Vor 3600 Jahren lebten bis zu 80 000 Menschen in Knossós.

Knossós ist von allen kretischen Ausgrabungsstätten die eindrucksvollste. Das liegt vor allem an der wissenschaftlich äußerst umstrittenen Vorgehensweise des »englischen Schliemann« **Sir Arthur Evans**, der Knossós ab 1900 in über 40 Jahren Arbeit freilegte. Er zerstörte allerdings auch, was ihm unwesentlich erschien – und fügte manches hinzu, was er glaubte, sicher rekonstruieren zu können: Zwischendecken, Treppen, Dächer, Stockwerke und die charakteristischen, sich nach unten verjüngenden Säulen. Den Schweizer Gilliéron beauftragte er mit der Farbgestaltung der Wände und schuf damit ein minoisches Pompeji zum Anfassen. Kritische Stimmen nennen Knossós auch ein »Disneyland der Archäologie«. Für Laien und Kinder ist Evans' Methode erfreulich: Sie sehen deutlich mehr als nur die Grundmauern. An der Kasse sind fantasievoll-bunte Pläne erhältlich, die den Palast unzerstört zeigen.

Sehenswertes

AUSGRABUNGSAREAL

Plan → S. 80/81

Durch eine Laube aus Bougainvilleen gelangt man auf den **Westhof (1)**. Dort fallen links drei runde, ausgemauerte **Schächte (2)** auf, in denen Archäologen zahlreiche Knochen geopferter Tiere und andere Opfergaben fanden. Eine Büste von Sir Arthur Evans, dem Hauptausgräber von Knossós, steht linker Hand. Vorbei an den Überresten zweier **Opferaltäre (4)** erreicht man den **Westeingang (5)** mit steinerner Basis einer nicht mehr vorhandenen hölzernen Säule. Den **Prozessionskorridor (6)** schmücken Kopien eines Freskos, das ursprünglich in zwei übereinander liegenden Reihen etwa 500 Opferträger darstellte. Wohin dieser Korridor führte, ist nicht mehr feststellbar. Evans vermutete, dass er auf den Zentralhof führte.

Das **Südpropylon (7)** bildete einen der Palasteingänge. Über die **Große Freitreppe (8)**, die durch keinerlei Funde nachgewiesen, sondern von Evans nach eigenem Gutdünken hinzugefügt wurde, gelangt man in das von Evans vollständig nach seinen von der britischen Monarchie geprägten Vorstellungen rekonstruierte Piano Nobile. Dort identifizierte er eine **Dreisäulenhalle (9)**, eine **Schatzkammer (10)** und eine **Große Halle (11)**, von der aus man in 21 Lagerräume mit riesigen

Er zählt zu den wichtigsten Sehenswürdigkeiten in Knossós, der Thronsaal mit dem steinernen Thron des Minos. Doch hat der König hier tatsächlich gesessen?

Tongefäßen blickt. Die **Sechssäulenhalle (12)** schmückten ursprünglich Fresken, darunter das der »Kleinen Pariserin«, welches heute im Archäologischen Museum von Iráklio hängt.

Über die **Große Treppe (13)** steigt man nun zum 53 m langen **Zentralhof (14)** hinab, der wohl der Schauplatz aller wichtigen kultischen Zeremonien, aber auch Markt- und Versammlungsplatz war. An ihm lagen der **Thronsaal (15)**, ein **dreiteiliges Heiligtum (16)** und die Höhlenheiligtümern nachempfundenen **Pfeilerkrypten (17)**.

Zum Thronsaal gehört ein Vorraum, dessen Längswänden Bänke aus Gipsstein vorgelagert sind. Die Bank auf der Nordseite war zweiteilig, in der Lücke dazwischen fand Evans Holzreste. Das verleitete ihn zu der Annahme, hier habe ein hölzerner Thron gestanden. Evans interpretierte diesen Vorraum als einen Wartesaal vor Audienzen und stellte hier auch ein anderswo gefundenes Becken aus Porphyr auf, in dem sich seiner Meinung nach die Audienzbesucher rituell reinigten. Heute wird vermutet, dass die Bänke zur Ablage von Opfergaben dienten. Dass auf dem Alabasterthron tatsächlich König Minos saß, gilt mittlerweile als sehr unwahrscheinlich.

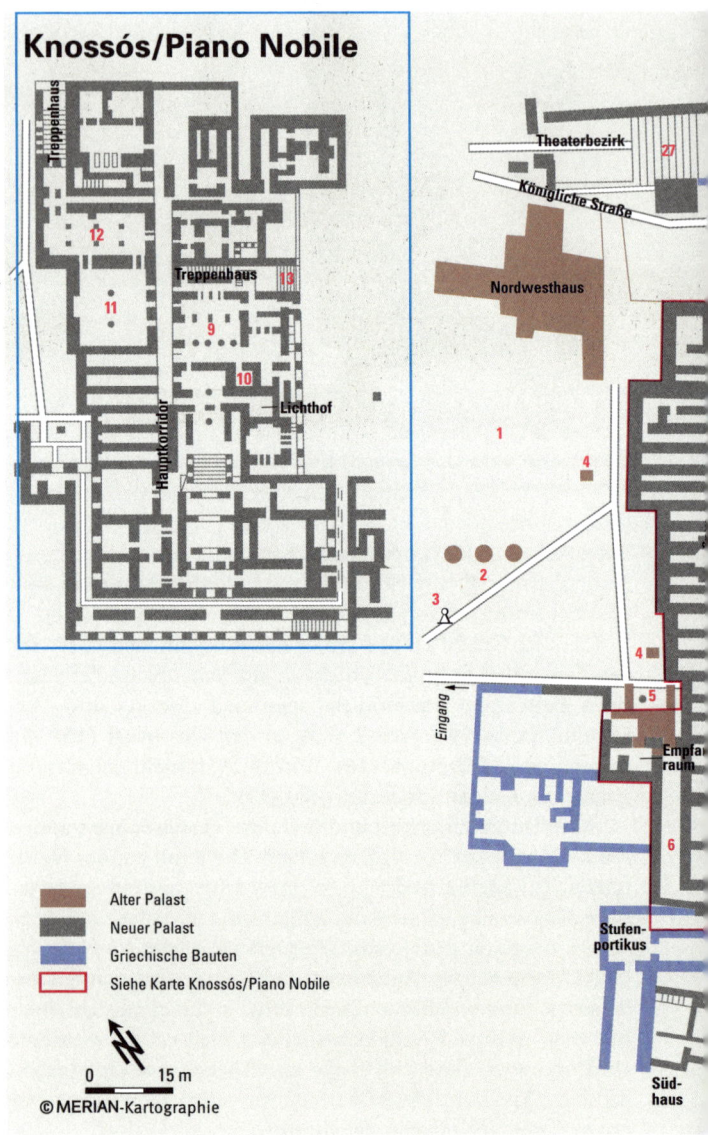

Knossós/Piano Nobile

Treppenhaus

12

11

Treppenhaus 13

9

10

Hauptkorridor

Lichthof

Theaterbezirk 27

Königliche Straße

Nordwesthaus

1

4

2

3

4

Eingang

5

Empfangsraum

6

Stufenportikus

Südhaus

Alter Palast

Neuer Palast

Griechische Bauten

Siehe Karte Knossós/Piano Nobile

0   15 m

© MERIAN-Kartographie

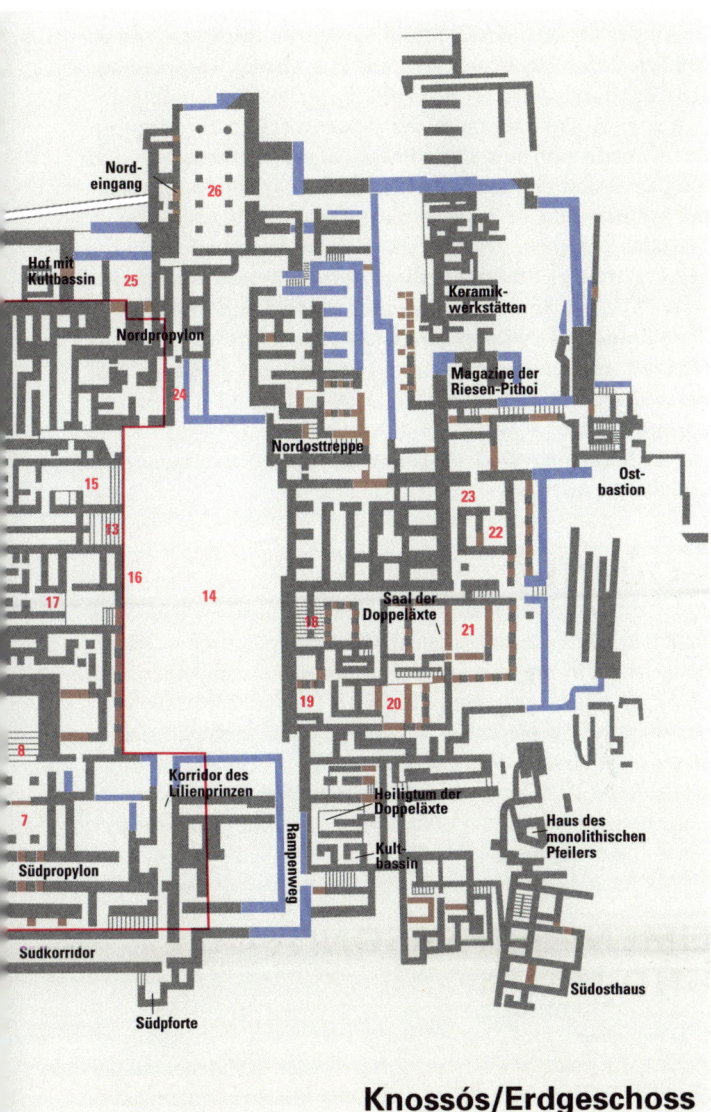

Knossós/Erdgeschoss

An der Ostseite des Zentralhofs siedelte Evans die Wohngemächer des Herrscherpaars an. Das **Große Treppenhaus (18)**, das durch einen großen Luftschacht belüftet wurde, führte u. a. zum **Ankleideraum der Königin (19)**, zum **Megaron der Königin (20)** und **des Königs (21)**. Bemerkenswert sind die Sanitäreinrichtungen: Nachweisbar sind ein Badezimmer mit Wanne und eine Toilette mit Holzsitz und Wasserspülung.

Sicher nachgewiesen wurden auch im Anschluss daran die **Werkstatt eines Steinschneiders (22)** und eine **Töpferwerkstatt (23)**. Im Norden des Zentralhofs sind schließlich noch die **Rampe des Nordeingangs (24)**, der **Nordwestportikus (25)** mit restaurierten Säulen und Fresken, das **Zollhaus (26)** und eine Theaterrängen ähnliche **Schautreppe (27)** zu sehen.

Leofóros Knossoú | April–Okt. tgl. 8–20, Nov.–März 8–17 Uhr | Eintritt 15 €, erm. 8 €, Kombi-Ticket mit Archäologischem Museum Iráklio 20 €, erm. 10 €

GOÚRNES K3

Am Westrand des weitläufigen, völlig gesichtslosen Badeortes steht seit 2005 auf einem ehemaligen amerikanischen Kasernengelände in arger Wüstenei Griechenlands bedeutendstes und modernstes **Aquarium**. Mehrere Tausend Meeresbewohner – Fische, Seepferdchen, Quallen, Haie – tummeln sich in 60 teilweise riesigen Wasserbecken.

Thalassókosmos – CretAquarium | Tel. 28 10 33 77 88 | www.cretaquarium.gr | Mai–Sept. tgl. 9.30–19, Okt.–April 9.30–16 Uhr | Eintritt 10 €, erm. 6 € (auch im Winter)

LIMÉNAS CHERSONÍSSOU UND MÁLIA L4

3700 Einwohner

Auch auf Kreta gibt es Urlaubsorte, die sich von denen an der Costa Brava oder an anderen verbauten Küsten rund ums Mittelmeer kaum unterscheiden – wie z. B. Mália und Liménas

Chersoníssou, **Zentrum des kretischen Massentourismus**. An der rund 8 km langen Küste reiht sich ein Hotel ans andere, und im Gefolge finden sich niveaulose Souvenirshops, Lokale, die sich längst dem Geschmack der Kundschaft angepasst haben, Bars, Diskotheken, Autovermietungen und allerlei Beton. Dass Mália viele Übernachtungsbetriebe angelockt hat, kann man noch verstehen: Der lange Sandstrand hier ist besonders schön. Die Strände von Chersónissos jedoch, beide kiesig und nur etwa 300 m lang, sind höchstens Durchschnitt, wesentlich angenehmer badet es sich direkt an den Strandabschnitten der großen Hotels. Mália besitzt immerhin einen alten Ortskern (im Zentrum südlich der Hauptstraße). Chersónissos, das in der Antike ein wichtiger Hafen und im 5. Jh. Bischofssitz war, scheint hingegen völlig planlos als Touristenort auf dem Reißbrett entworfen zu sein. Beide Urlaubsorte bieten freilich auch Vorteile: Das Freizeit- und Wassersportangebot ist riesig, und die Busverbindungen in die Inselhauptstadt Iráklio und nach Ágios Nikólaos sind ausgezeichnet.

Wer die Vorteile des bunten Nachtlebens und des großen Wassersportangebots nutzen, aber zugleich abseits der Massen wohnen möchte, findet mit **Koutouloufári** und **Piskopianó** am Berghang zwei blumengeschmückte Dörfer mit vielen angenehmen Hotels. Um im Hinterland mobil zu sein, ist allerdings ein Auto vonnöten, da es keine Busverbindungen zum Strand oder in die Städte gibt.

Sehenswertes

FRÜHCHRISTLICHE BASILIKA

Nahe dem Bootshafen von Liménas Chersoníssou befindet sich die Ausgrabung einer dreischiffigen frühchristlichen Basilika aus dem 5. Jh. Einige Säulenstümpfe, Reste eines einst prächtigen Mosaikfußbodens und überwucherte Grundmauern – bis zu 50 m lang! – lassen sich ausmachen. Leider ist das Gelände dem Verfall preisgegeben, und viele Mosaiken sind im Laufe der Zeit offenbar schon entwendet worden.

Kap Kastríou, westliche Seite von Liménas Chersoníssou

Bei den Ausgrabungen des minoischen Palastes in Mália entdeckte man riesige Pithoi, die u. a. zur Aufbewahrung von Öl und Wein dienten.

RÖMISCHER BRUNNEN SARAKÍNO

Unvermittelt stößt man mitten im touristischen Trubel auf einen vermutlich römischen, stark lädierten Brunnen aus dem 3. Jh. Er hat die Form einer abgeflachten Pyramide mit ursprünglich vier reich geschmückten Mosaikfeldern. Nur noch eines ist gut erhalten, das zwischen Fischen und Kraken einen Angler und ein Boot mit einem Krakenstecher zeigt.
Uferstraße Agía Paraskeví in Liménas Chersoníssou

FREILICHTMUSEUM LYCHNOSTÁTIS

Als »Lychnostatis« werden Öllampen bezeichnet, die es seit der Antike in jedem kretischen Haus gab. 30 Jahre lang hat der Arzt und Hobby-Volkskundler Giórgos Markákis ein Privatmuseum aufgebaut, das einen umfassenden Einblick in das bäuerlich geprägte Landleben und die Gebräuche, die Natur und Volkskunst Kretas bietet. Führung oder zumindest ein Audioguide werden empfohlen. Am Wochenende häufig Veranstaltungen, z. B. Tanz und Mitmach-Aktionen für Kinder.
Östlicher Ortsrand von Liménas Chersoníssou | www.lychnostatis.gr | April–Okt. So–Fr 9–14 Uhr | Eintritt 6 €, erm. 3 €, Audioguide 2 €

FRÜHCHRISTLICHE BASILIKA ÁGIOS NIKÓLAOS

Auch im Osten des Orts hat man eine frühchristliche Basilika aus dem 5. Jh. entdeckt. Ihre Fußbodenmosaike sind stellenweise sehr gut erhalten, man sieht sie auf dem Gelände des Hotels Eri Resort (westlich vom Hoteleingang). Eine kleine Nikolauskapelle wurde in die Ruinen gesetzt.

Frei zugänglich

MINOISCHER PALAST VON MÁLIA

Der seit 1915 freigelegte drittgrößte minoische Palast ist Teil einer Siedlung, die sich über mehr als einen Quadratkilometer erstreckte. Er stammt aus der Zeit zwischen 1700 und 1450 v. Chr., gleicht in seinen Grundelementen dem Palast von Knossós und hat wie jener einen Westhof, über den Prozessionswege führen, sowie einen Zentralhof für die kultischen Feiern. Es empfiehlt sich, das Auge zunächst in den Ausgrabungen von Knossós zu schulen. Dann wird man leicht Speicherräume und -schächte, Kulträume und eine theaterähnliche Schautreppe ausmachen. Ein besonders gut erhaltenes Fundobjekt ist der *kérnos*, der in der Südwestecke des Zentralhofs zu besichtigen ist: eine steinerne Schale mit 35 runden Vertiefungen, in denen den Göttern Nahrungsopfer dargebracht wurden.

2 km östlich des Ortszentrums von Mália zwischen der Hauptstraße in Richtung Ágios Nikólaos und dem Meer | tgl. 8–17, im Winter bis 15 Uhr | Eintritt 6 €, erm. 3 €

Übernachten

Erstklassig
CRETA MARIS

Im Stil kretischer Dorfarchitektur angelegt. Mit großem Pool, gepflegtem Sandstrand, eigenem Sommerkino, Tennisplätzen, Wassersport- und Tauchstation, Spa. Ein gut geführtes Haus mit umfangreichem Freizeitangebot.

Liménas Chersoníssou | Tel. 28 97 02 71 10 | www.maris.gr | 547 Zimmer | €€€€

Hoch am Hang
GALAXY VILLAS

Modernes Hotel, terrassenförmig angelegt, mit Meerblick und Pool. Die Villen haben entweder Balkon, Veranda oder Patio.

Koutouloufári, Ag. Konstantínou | Tel. 28 97 02 29 10 | www.galaxy-villas.com | 53 Villen | €–€€

Essen und Trinken

Fisch, was sonst
AKROGIÁLI

Direkt am Meer liegt dieses einfache Lokal, das Meeresspezialitäten und kretische Küche bietet.

Liménas Chersoníssou | 25is Martíou | Tel. 28 97 02 32 60 | www.akrogiali.eu | tgl. ab 12 Uhr | €€

Traditionsreich und gut
MÝTHOS

Aus all den sehr touristischen Tavernen von Liménas ragt dieses alteingesessene, von der Wirtsfamilie hervorragend geführte Lokal durch seine große Auswahl an täglich frisch zubereiteten Gerichten, deren hohe Qualität und einen effizienten und freundlichen Service heraus.

Liménas Chersoníssou | Sanoudáki Geórgios 19 | Tel. 28 97 02 22 23 | tgl. ab 12 Uhr | €–€€

Klassiker
KÁLESMA

Nur abends geöffnete *ouzerí*, in der viele kleine, auch ausgefallene kretische Gerichte serviert werden. Man muss nicht alles auf einmal bestellen, sondern kann je nach Appetit die kleinen Tellerchen nachordern.

Im alten Ortsteil von Mália | Tel. 28 97 03 31 25 | tgl. ab 18 Uhr | €€

MOCHÓS L4

Ca. 1000 Einwohner

In dem Bergdorf auf 400 m Höhe geht es noch recht ursprünglich zu, auch wenn sich die Wirte auf die Urlauber aus den Badehotels eingestellt haben. Der Dorfplatz ist mit den Tischen und Stühlen von Cafés und Tavernen vollgestellt, man sitzt im Schatten von Maulbeerbäumen und kann direkt an der Plateía auch der **Dorfkirche** einen Besuch abstatten. An ihrer Ikonostase ist eine Ikone bemerkenswert, die in 24 Bildfeldern die Jungfrau Maria gemäß dem orthodoxen **Akathystos-Hymnus** preist. Der Hymnos geht auf den Patriarchen von Konstantino-

Die der Geburt Jesu gewidmete Steinkirche des Klosters Kerá Kardiótissa beeindruckt durch ihre Schlichtheit.

pel Sergius zurück, der ihn aus Dank für die Verschonung der Stadt vor den Slawen und Awaren im Jahr 626 komponieren ließ. Die Bezeichnung »nicht im Sitzen gesungen« bezieht sich auf die Art der Zelebrierung. In der griechisch-orthodoxen Kirche wird der Akathystos-Hymnus an den ersten vier Freitagen der Fastenzeit vor Ostern in Teilen, am fünften Freitag vollständig im Stehen gesungen. Der Marienhymnus hat 24 Verse, entsprechend den 24 Buchstaben des griechischen Alphabets.

KLOSTER KERÁ KARDIÓTISSA L4

Kurz bevor man das Dorf Kerá in 560 m Höhe erreicht, steht rechts von der Straße das schöne Kloster, auch **Panagía i Kerá**, mit einer Kirche aus dem 14. Jh., in der prächtige Wandmalereien und eine wundertätige Marienikone zu sehen sind. Das idyllisch in einem Zypressenhain liegende Konvent fungierte während der Osmanenzeit als »Geheimschule« und unterrichtete den Nachwuchs in Religion und Sprache. Einer Marienikone, die mehrere Male von den Türken nach Konstantinopel entführt werden sollte, wird Wunderwirkung zugeschrieben.

Tgl. 8–13 und 16 Uhr bis Sonnenuntergang | Eintritt 2 €

ÁNO VIÁNNOS L5

Ca. 770 Einwohner

Das Dorf hat traurige Bekanntheit im Zweiten Weltkrieg erlangt, als der deutsche General Friedrich Wilhelm Müller den Befehl zur Zerstörung als Vergeltung für Partisanentätigkeit erteilte. Am 14. September 1943, dem Tag der Kreuzerhöhung, einem wichtigen Fest der Orthodoxie, wurden von der Wehrmacht über 450 Kreter brutal ermordet. Die zentrale **Gedenkstätte** befindet sich an der Hauptstraße bei Amíras, wo auf elf Steintafeln die Namen der Opfer eingraviert wurden. Der Ort gehört zu den sogenannten **Märtyrerdörfern**.

MERIAN TOP 10

GÓRTIS J5

Wo heute in der Messará-Ebene nur noch ein paar Ruinen zwischen und unter Olivenbäumen aufragen, stand **in römischer Zeit die Hauptstadt Kretas** mit 80 000 Einwohnern, die nach antiken Angaben einen Durchmesser von 10 km hatte. Bereits um 500 v. Chr. zeichnete man hier das gültige Stadtrecht für jeden lesbar auf Steinblöcken auf; um 60 n. Chr. verbreitete der vom Apostel Paulus persönlich eingesetzte Bischof Titus den christlichen Glauben. Der Einfall der Sarazenen im 9. Jh. bereitete der fast 900-jährigen Stadt, die danach nie mehr besiedelt wurde, ein jähes Ende. Das geistige Zentrum der Insel verlagerte sich fortan nach Iráklio.

Sehenswürdigkeiten

AUSGRABUNGEN I

Ein steinernes Monument der frühen Christenheit stellt die dreischiffige sogenannte **Titus-Basilika** aus dem 6. Jh. dar, erbaut möglicherweise am Ort des Martyriums des hochbetagten Titus, der im 4. Jh. heiliggesprochen wurde. Als die Araber auf die Insel einfielen, zerstörten sie auch dieses Gotteshaus. Die kostbare Schädelreliquie des Heiligen wurde nach Iráklio in die dort neu errichtete Titus-Basilika gebracht (→ S. 57), bis

Vermutlich an der Stelle, an der Titus, der erste Bischof Kretas, enthauptet wurde, befindet sich heute die Titus-Basilika von Górtis.

sie die Venezianer nach Venedig schafften. Erst 1966 erfolgte die Rückführung der heiligen Reliquie – nach Iráklio und nicht mehr ins längst verlassene Górtis.

Daneben liegt das **Odeon**, das von den Römern um 100 erbaut und für Musik- und Theateraufführungen, für Tanz und Vorträge genutzt wurde. Der Marmorboden im Bühnenraum und einige Marmorsitzreihen sind erhalten. In den Nischen der Bühne standen einst Statuen. In seiner Rückwand zeugen die berühmten **Gesetzestafeln** aus dem 5. Jh. v. Chr. vom ersten europäischen Stadtrecht. Man muss sich die Gesetzestafeln ursprünglich für jeden sichtbar auf der Agora vorstellen. Erst die Römer verbauten sie im Theaterrundgang, heute sind sie vergittert. Die Gesetzestafeln behandeln Themen des Familien- und Erbrechts, des Strafrechts und des Gesellschaftsrechts. Verfasst sind sie im dorischen Dialekt, in der Bustrophedon-Schrift, die zeilenweise die Schriftrichtung wechselt.

Hinter dem Odeon führt ein Weg zur **Platane von Górtis**, unter der der Legende nach Zeus Europa verführte und mit ihr an dieser Stelle den Minos zeugte.

Górtis, an der Hauptstraße rechter Hand | Tel. 28 92 03 11 44 | Mitte April–Okt. 8–19.30, Nov.–Mitte April 8–15 Uhr | Eintritt 6 €, erm. 3 €

Kreta ist ein Wanderziel par excellence. Rund um Zarós etwa locken herrliche Wanderwege unterschiedlicher Länge.

AUSGRABUNGEN II

Überquert man die Straße und biegt in die Straße nach Mitrópoli ein, zweigt links ein Feldweg zu einem Olivenhain ab, in dem sich heute ein eingezäuntes Gelände befindet. Hier lagen einst das **Prätorium**, der Palast des römischen Statthalters, mit Thermen und ein großes **Apolloheiligtum**. Das Kultzentrum der ägyptischen Götter Isis, Anubis und Osiris stellt das einzige derartige Heiligtum auf Kreta dar.

Südlich der Hauptstraße, eingezäunt, aber gut einsehbar

ZARÓS J5

2200 Einwohner

Das Bergdorf liegt in 340 m Höhe am Südhang des Ída-Gebirges. Wer abseits der Küsten ins kretische Leben eintauchen will, findet hier einen geeigneten Standort. Soziales Zentrum ist die Plateía mit ihren Kaffeehäusern und Tavernen. 1 km oberhalb tummeln sich in einem künstlich angelegten **See**, um den ein Wanderweg herumführt, Schildkröten und Forellen. Am Weg dorthin liegen **zwei Forellenzuchtstationen** mit angeschlossenen Restaurants. Vom See aus führt ein **Wanderweg durch die Roúvas-Schlucht** zum 1 km entfernten **Mönchskloster Ágios Nikólaos**. Vom Kloster gelangt man über ein Teilstück des Europäischen Fernwanderwegs E 4 in etwa zwei Stunden aufwärts in den **Roúvas-Wald**. Ein nahes Wanderziel ist auch das 2,5 km vom Ort entfernte **Kloster Vrondísi** mit einem sehenswerten Brunnen unter schattigen Platanen.

Übernachten

Oase der Ruhe
ELAIÓNAS
Inmitten von Gemüsefeldern und Olivenbäumen stehen die Natursteinhäuser der kleinen Anlage einsam 2 km außerhalb des Dorfes. Es gibt einen kleinen Pool und eine Bogenschießanlage, den Gästen stehen Mountainbikes kostenlos zur Verfügung. In der angeschlossenen Taverne kocht die Mutter des Wirts.
Am Ortsende Richtung Kamáres | Tel. 21 09 60 71 00 | www.guestinn. com | 10 Häuser | €€

LÉNDAS J6

Ca. 80 Einwohner

Der weltabgeschiedene Küstenort, einst Hafen von Górtis, hat sich noch ein wenig vom Flair der 1980er-Jahre erhalten, als der Ort ein Geheimtipp für Rucksacktouristen war. Hier gibt es immer noch keinen Pauschaltourismus, die Atmosphäre ist leger und entspannt. Am Ditikó Beach baden Nackte und Bekleidete weiterhin gemeinsam am gleichen Sandstrand, am Main Beach stehen einfache Tavernen fast direkt im Wasser. Alle wichtigen Ausflugsziele sind weit entfernt. In Léndas ist man, um in Léndas zu bleiben.

Sehenswertes

LEBÉNA

An der Verbindungsstraße zwischen Léndas und dem Ditikó Beach blieben einige Ruinen der antiken Siedlung Lebéna erhalten. In der Nähe einer (heute versiegten) Thermalquelle war

dort im 4. Jh. v. Chr. ein **Heiligtum für Äskulap**, den Gott der Heilkunst, entstanden. Von ihm blieben die Ziegelwände eines in den Hang hineingebauten Tempels mit monolithischen Säulen und einer Bank zur Aufstellung von Kultstatuen erhalten. In einer ehemaligen Säulenhalle neben dem Tempel sind noch **Reste eines Seepferdchen-Mosaiks** aus dem 3. Jh. v. Chr. zu sehen. Von fortgesetzter Nutzung in frühchristlicher Zeit zeugen die **Ruinen einer kleinen Basilika**.
Di–So 8–15 Uhr | Eintritt frei

Übernachten

Nahe am Meer
LÉNTAS BUNGALOWS
Mitten im kleinen Dorf bilden die fünf schlichten Bungalows mit insgesamt zwölf Zimmern in einem großen, alten Garten mit Palmen und vielen Blütenpflanzen eine kleine Oase für sich. Es gibt eine nette Gemeinschaftsküche; zum Meer und dem Main Beach gelangt man in etwa 100 m zu Fuß.
Tel. 69 99 29 52 22 | www.hotel-lentas.com | 12 Zimmer | €

Einkaufen

Farbenfroh
WOCHENMARKT VON MÍRES
Ein quirliges Marktgeschehen: Wer an einem Samstag in der Nähe ist, sollte Kretas größten Wochenmarkt nicht verpassen. Aus der gesamten Umgebung verkaufen Bauern und Händler ihre saisonale Ware, Obst, Gemüse, Fisch, Fleisch und allerhand Haushaltswaren.
Hauptstraße von Míres | samstags bis ca. 13 Uhr

MERIAN TOP 10
FESTÓS H5
Der **minoische Palast von Festós**, nach Knossós wohl die wichtigste Ausgrabungsstätte Kretas, erstreckt sich über einen Hügel, der 70 m hoch aus Kretas größter Binnenebene, der Messará, herausragt. Der Blick umfasst das Meer und drei kretische Gebirge: das Ída-Gebirge im Norden, die Lassíthischen Berge im Nordosten und das Asteroússia-Gebirge im Süden.

Festós

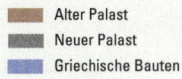

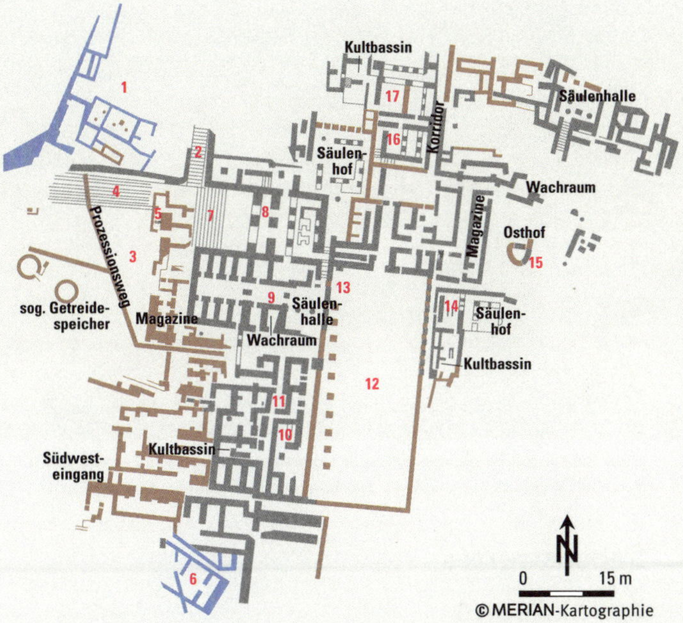

Alter Palast
Neuer Palast
Griechische Bauten
Kultbassin
Säulenhalle
17
16
Korridor
Säulen-
hof
1
2
4
5
7
8
Prozessionsweg
3
Wachraum
Magazine
Osthof
15
13
9
Säulen-
halle
sog. Getreide-
speicher
Magazine
Wachraum
14
Säulen-
hof
Kultbassin
12
11
10
Südwest-
eingang
Kultbassin
6
N
0
15 m
© MERIAN-Kartographie

1 **Nordwesthof** mit Grundmauern aus der hellenistischen Zeit (3./2. Jahrhundert v. Chr.)
2 Ursprünglich überdachte **Treppe zum Westhof**
3 **Westhof** Hier fanden wichtige kultische Zeremonien statt
4 **Große Schautreppe** Auf ihr standen die höchsten Würdenträgor währond dor Kult zeremonien
5 **Heiligtum** für Kulthandlungen anlässlich von Zeremonien
6 **Grundmauern** eines griechischen Tempels, die von der Besiedlung dieses Ortes auch noch im 1. Jahrtausend v. Chr. zeugen
7 **Freitreppe** mit zwölf Stufen, die in den Palast führt
8 **Propylon,** Eingang zum Palast
9 **Magazine** In ihnen liegen noch Mörser, Tröge und die minoischen Vorratsgefäße, die Pithoi
10 **Pfeilerraum,** eine Art Kapelle
11 **Lustrationsbecken** für rituelle Waschungen
12 **Zontralhof**
13 **Altar**
14 **Privatgemächer** eines Prinzen
15 **Schmelzöfen** zur Bronzegewinnung
16 **Megaron**, die Gemächer einer Königin
17 **Megaron** des Königs

Welch ein Panorama! Von den Ruinen des minoischen Palastes von Festós genießt man einen Weitblick über die dank des Geropótamos fruchtbare Messará-Ebene.

Sehenswertes

AUSGRABUNG

Plan → S. 93

Mythischer Gründer der in Top-Lage errichteten Palastanlage war Radamanthys, der Bruder von König Minos oder sogar der König selbst. Die Siedlungsgeschichte des Hügels reicht über 6000 Jahre zurück. Der Palast besitzt die typischen Merkmale der minoischen Stadtplanung: einen **Zentral**- und einen **Westhof**, **Magazine** mit darin lagernden **Pithoi**, eine repräsentative **Freitreppe** und die **Gemächer von König und Königin**. Einem ersten Palast folgte nach einem Erdbeben ein zweiter, der wie alle minoischen Paläste auf Kreta 1450 v. Chr. unterging. Doch auch aus späteren Epochen finden sich Siedlungsspuren auf dem Hügel. Ausgegraben wurde Festós von der Italienischen Archäologischen Schule, die ihren Sitz neben dem heutigen Touristenpavillon hatte. Beide Komplexe wurden in den beiden Weltkriegen als Lazarett bzw. als Kommandantur der Wehrmacht genutzt. Am Abend des 8. August 1943 gaben

Soldaten des Festungs-Bataillons 623 die Vorstellung des Königs Ödipus im Palast. Die große Treppe diente als Schauplatz des Königspalasts von Theben.

Oberhalb des Tickethäuschens liegt ein Self-Service-Café mit Terrasse und Aussicht auf die Messará und den Psilorítis.

Tgl. 8–19.30, im Winter bis 15 Uhr | Eintritt 8 €, erm. 4 €

VÓRI H5

500 Einwohner

Vóri mit seinen herrschaftlichen Häusern mit den hohen Torbogen, Reliefs und Wappen und seiner kleinen, netten Plateía ist vor allem wegen des **Volkskundlichen Museums** einen Besuch wert, dessen besonders umfangreiche Sammlung systematisch und gut erklärt ausgestellt ist. Zu sehen sind Webstühle, Geräte für den Ackerbau und mehr.

Kretisches Ethnologisches Museum | tgl. 11–17 Uhr | Eintritt 3 €

AGÍA TRIÁDA H5

Der minoische Palast von Agía Triáda, die »kleine Schwester« von Festós, gibt viele Rätsel auf: Wie stand man mit Knossós in Kontakt? Die Grundmauern eines minoischen Gebäudekomplexes aus der Zeit um 1600 bis 1450 v. Chr. werden unterschiedlich gedeutet: als Hauptpalast oder als Sommerresidenz und Villa des Herrschers, der im nur 2 km entfernten Festós residierte. Dem Palast war eine kleine Siedlung angeschlossen, die noch in mykenischer Zeit genutzt wurde.

April–Okt. tgl. 9–16, Nov.–März Di–So 8–15 Uhr | Eintritt 4 €, erm. 2 €

MÁTALA H5

Ca. 100 Einwohner

Der antike Hafen von Festós besitzt eine Traumbucht. Hier soll Zeus mit Europa gelandet sein, bevor er sich mit ihr unter der Platane von Górtis vereinte. Heute ist Mátala ein beliebter Ferienort auch für (junge) Pauschalurlauber. Im alten Ortskern stehen nur wenige Pensionen, das neue, locker bebaute Hotel-viertel zieht sich einen Kilometer weit ins Hinterland hinein. Direkt am Wasser hat sich in Mátala im alten Fischerviertel und in der kurzen Bazar-Gasse noch das **Flair vergangener Hippiezeiten** gehalten. Besonders in den späten Abendstun-den ist das zu spüren. Schön, aber überlaufen ist der breite Sand-Kies-Strand im Ort. Weitläufiger ist der nördlich gelege-ne **Kommós Beach** neben einer großen, leider nicht zugäng-lichen Ausgrabungsstätte, wo Steinplatten den Einstieg ins Meer erschweren. Der südlich gelegene **Red Beach** (Kókkini Ámmos) ist seit Jahrzehnten ein Nudisten-Treff.

Sehenswertes

FELSHÖHLEN

Das ehemalige Fischerdorf an der Südküste war in den 1960er-Jahren ein berühmtes Hippie-Nest. Junge US-Amerika-ner, die nicht in Vietnam sterben wollten, kamen zuerst; später gesellten sich viele junge Leute aus aller Welt hinzu und zogen in die Höhlen. Die Bewohner zeigten Verständnis für die Hip-pies, die Polizei war weit entfernt, der Strand grandios. Lange vor den Hippies hatten die Römer Höhlen in die Felswand am Nordufer der Bucht gegraben, die teilweise sogar den Luxus von aus Stein gearbeiteten Bänken und Tischen aufwiesen.

Am Strand | tgl. 10–19 Uhr, im Winter reduzierte Öffnungszeiten | Eintritt 2 €, erm. 1 €

Übernachten

Im Steinhaus
SIGELÁKIS STUDIOS

Statt im überfüllten Mátala wohnt man besser im ur-sprünglichen Dorf Sívas und fährt zum Sonnenuntergang an den Strand. Die im Land-stil erbauten drei Steinhäuser der Familie Sigelákis bieten viel Platz, ausreichend Kom-fort und eine sehr gut ein-gerichtete Küchenzeile. Am Abend locken zahlreiche gute Dorftavernen.

Sívas, 7 km von Mátala | Tel. 28 92 04 27 48 | www.sigelakis-studios.gr | 3 Apartments (max. 3 Pers.) | €€

Joni Mitchell war nur eine der »Aussteiger«, die in den 1960er-Jahren die Höhlen von Mátala bewohnten. In der Jungsteinzeit wurden sie in den Fels gegraben.

Essen und Trinken

Blick auf die Bucht
SCALA

Eine der ältesten Tavernen über den Klippen im Fischerviertel. Mutter María kocht hier seit 30 Jahren. Sie wird von Tochter Charoúla unterstützt, für den Service sorgt Sohn Mános. Etwa zweimal wöchentlich gibt es abends griechische Livemusik.

Mátala, am südlichen Ende | Tel. 28 92 04 54 89 | tgl. 10–24 Uhr | €€

Chillen und Relaxen
MARINERO BAR

And the nights never ends … Zum Ausklang eines langen Sommertages am Strand bietet sich diese lässige Bar bestens an. Hier herrscht stets gute Stimmung.

Am Ortsende | www.facebook.com/marinerobar.matala | in der Saison bis spät in die Nacht | €

Solide Traditionsküche
VÁFIS

Die Auswahl der Speisen am Dorfplatz in Sívas ist beeindruckend und die Qualität der Speisen gleichbleibend hoch. Typische Dorftaverne mit viel Flair, weitab vom touristischen Rummel. Die Fáva und die frittierten Zucchini sind ein Gedicht.

Sívas | Tel. 28 92 04 26 14 | www.vafis-restaurant.gr | tgl. geöffnet | €

Die Blumenkinder sind Geschichte, doch der Mythos lebt, der Traum vom einfachen Leben, von Frieden und Freiheit ... zumindest beim Hippie-Revival-Festival.

MYTHOS MÁTALA

Flower Power als Wirtschaftsmotor

In der Saison kommen sie zuhauf, und der Parkplatz platzt aus allen Nähten. Mit Bussen werden Tagestouristen von der ganzen Insel herangekarrt, deren Reiseleiter nicht müde werden, die große Zeit von Mátala (→ S. 95) heraufzubeschwören und allerlei hinzuzudichten. Damals, das war vor 50 Jahren, als der Otto Normalverbraucher allenfalls nach Jesolo fuhr, und eine **Hippie-Kommune** Richtung Süden und Südosten aufbrach. Für einige begann und endete der Hippie-Trail in Mátala an Kretas Südküste. Ein kunterbuntes, internationales Völkchen war das, Vietnamkriegs-Verweigerer, Aussteiger, Junta-Flüchtlinge, Kathamandu-Durchreisende und auch brave Studenten. Die schon in der Jungsteinzeit als Wohnstätten und von den Römern als Grabkammern genutzten **porösen Felshöhlen** waren der ideale Rückzugsort, zumindest im Hochsommer, Schatten spendend, direkt über dem Meer gelegen. Ihre zeitweiligen Bewohner verpassten ihnen entsprechende Namen:

The Globe, The Hilton, The Kazantzakis Cave … Das Leben war beschaulich und gestaltete sich weitab der politischen Katastrophen. Allabendlich versammelte man sich am Strand, um dem immer selben, doch aufgrund der Topografie der Küste auf Kreta durchaus ungewöhnlichen Naturschauspiel beizuwohnen: Die rote Sonne versinkt direkt im Meer, man wärmt sich am Lagerfeuer, einer holt die Gitarre raus, und ein paar Stimmen setzen an, wie die von Joni Mitchell (»and they're playin' that scratchy rock and roll/beneath the matala moon«). Jung waren sie, wenig Geld hatten sie, aber dafür viel Zeit, und friedlich waren die Langhaarigen auch, zumindest bis die **Drogen** ins Spiel kamen, die Nacktbadenden vom Roten Sand am Strand Kókkini Ámmos angeblich zum **öffentlichen Ärgernis** wurden und die Höhlen verdreckten. Sodass dann irgendwann das griechische Kulturministerium das ganze Spektakel beendete, die Höhlen kurzerhand zum **archäologischen Areal** erklärte, die Hippies vertrieb, die Höhlen einzäunte und seither Eintritt verlangt für deren Besichtigung.

Die Hippies zogen weiter oder gingen zurück in ihre Heimat. Aber bis heute profitiert das 100-Seelen-Dorf von ihnen. Mátala-Slogans wie der geniale Spruch des Fischers Giórgos Germanákis »today is life, tomorrow never comes« oder, etwas banaler, »smile, you are alive« prangen noch heute auf Kaimauern und sind längst beliebte Instagram-Motive für die Fast-Traveller und Selfie-Generation von heute. Die Bars, die Restaurants, die Shops, die kunterbunte Batik-Kleidung, Love-&-Peace-Buttons und allerlei Esoterisches vertreiben, und die meist einfachen Unterkünfte vermarkten seither erfolgreich das Label »Mythos Mátala«. Und damit das so bleibt, gibt es einmal im Jahr ein **Hippie-Revival-Festival**, bei dem zwar nur wenige echte Ex Hippies, aber dafür umso mehr Partylustige von der ganzen Insel anreisen. Die Straßen sind mit Flower-Power-Motiven verziert, es gibt viel Livemusik, lautstark aus Verstärkern, unüberhörbar. Die Bands sind von heute, und der Sound, etwa von Locomondo, einer Band, die griechische Melodien mit Reggae vermischt, hätte den Hippies von damals ganz sicher auch gut gefallen.

PRÄFEKTUR CHANIÁ

Kulturliebhaber, Wanderer und Badegäste kommen hier auf ihre Kosten. Und das charmante Chaniá lockt mit einer nahezu autofreien Altstadt und einem pittoresken venezianischen Hafen, der – anders als in Iráklio – von Restaurants und Tavernen gesäumt ist.

Für einen reinen Badeurlaub eignet sich Chaniá nicht, aber die Stadt ist ein **exzellenter Ausgangspunkt für Ausflüge** in den gleichnamigen Bezirk. An der Westküste erwarten den Reisenden zwei südseehafte Lagunen, die Südküste jenseits der fast 2500 m hohen Weißen Berge zieht Wanderer an. Die meisten Hotels stehen an der Nordküste außer bei Chaniá in Georgioúpolis. Und ganz im Westen träumt das stille Landstädtchen Kíssamos-Kastélli vor sich hin.

CHANIÁ D2

Karte → S. 103

54 000 Einwohner

Die Markthalle und der Stadtpark der Neustadt zeugen ebenso wie einige **denkmalgeschützte Villen** im Vorort Chalépa von Chaniás kurzer glanzvoller Zeit, als es Hauptstadt mit internationalem Flair eines autonomen Kreta war (1898–1913). Die osmanischen Truppen und die Hälfte der muslimischen Einwohner waren abgezogen, Kreta regierte sich unter dem Schutz Frankreichs, Großbritanniens, Italiens und Russlands selbst. Viele Nationen schickten Botschafter und Konsuln nach Chaniá und ließen sich in prächtigen Villen nieder. Griechenland war durch Prinz Georg als Hochkommissar vertreten.

Auch aus anderen Epochen hat sich in Chaniá einiges erhalten. **Minarette** und **Moscheen,** der **Leuchtturm** und viele

Gleich nach der türkischen Eroberung wurde sie am venezianischen Hafen von Chaniá erbaut, die markante Janitscharenmoschee (s. S. 106).

Holzerker erzählen von den Jahrhunderten der türkischen Besatzung; Ruinen von Werft- und Lagerhallen, die Festungsmauer und zahlreiche Patrizierhäuser erinnern an Venedigs Herrschaft, als die Stadt »La Canea« hieß, abgeleitet von dem arabischen Begriff »Al chania«. Am **venezianischen Hafen** warten Fiaker auf Kundschaft, und in manchen Altstadtgassen bieten zahlreiche Lederhändler, Klingenschmiede und Brautausstatter wie in vergangenen Epochen ihre Waren an. Viele Häuser in der Altstadt sind in stilvolle, komfortable Hotels verwandelt worden. Auch die Tavernen zehren von der Historie, bewirten ihre Gäste in alten Hausruinen unter freiem Himmel oder in uralten Gewölben.

Nur aus der minoischen Epoche ist in Chaniá, zumindest außerhalb des **Archäologischen Museums,** wenig zu sehen. Dabei hat der sagenhafte König Kydon, der das heutige Chaniá um 2200 v. Chr. gründete, sogar einer Frucht seinen Namen gegeben: dem Kydonsapfel, bei uns als Quitte bekannt. Auf dem Burghügel, heute Kastélli genannt, lag einer der bedeutendsten Stadtstaaten der kretischen Bronzezeit.

Sehenswertes

❶ STADTMAUERN

Im 16. Jh. bauten die Venezianer angesichts der osmanischen Bedrohung und der Entdeckung des Schießpulvers ihr Verteidigungssystem zu den Fronte Bastionate aus. Festungsbaumeister war der berühmte Michele Sanmicheli, der eine dreiseitige, jeweils fast geradlinige Mauer mit Graben errichtete, die von fünf Bastionen unterbrochen war, darunter eine fünfeckige. Die Wallanlagen haben sich im Westen und Osten der Altstadt am besten erhalten. Ein erster schöner Blick auf die Weißen Berge bietet sich von der Schiavo-Bastion.

Aussichtspunkt Schiavo-Bastion an der Od. Baladínon frei zugänglich

❷ STÄDTISCHE PINAKOTHEK

Die in einem Kaufhaus aus der Zeit um 1910 untergebrachte Galerie zeigt Kunstwerke aus städtischem Besitz und Wechselausstellungen renommierter griechischer Künstler.

Chálidon 98–102 | www.pinakothiki-chania.gr | Mo–Sa 10–14, Mo–Fr auch 19–22 Uhr | Eintritt 2 €

❸ ARCHÄOLOGISCHES MUSEUM

Das Bezirksmuseum, in der spätgotischen Kirche San Francesco (16. Jh.) untergebracht, birgt Funde von der minoischen bis zur römischen Epoche. Besonders interessante Objekte sind spätminoische Tonsarkophage, römische Fußbodenmosaike sowie ein minoischer Kochtopf mit einer Herdstelle und Kinderspielzeug aus dem 8. Jh. v. Chr. Einzigartig ist ein Siegel aus dem 15. Jh. v. Chr., das in der Vitrine 10 am ersten linken Pfeiler des Mittelschiffs ausgestellt ist. Es zeigt ein mehrgeschossiges minoisches, von Stierhörnern bekröntes Gebäudeensemble mit zwei Toren, das wie eine kleine Stadt wirkt. Ein junger Mann steht als Führerfigur über dem ganzen Komplex. Möglicherweise zeigt die Darstellung das auf dem Kastélli-Hügel verortete minoische Kydonía.

Chálidon 28 | http://chaniamuseum.culture.gr | April–Okt. Mi–Mo 8–20, Nov.–März Mi–Mo 8–15.30 Uhr | Eintritt 4 €, erm. 2 €

Chaniá

Geschichtsstunde im Nautischen Museum: Anschaulich wird die jahrtausendelange Seefahrtsgeschichte Kretas dokumentiert, u. a. anhand der »Minoa« (s. S. 107).

IM VORBEIGEHEN ENTDECKT

❹ SYNAGOGE ETZ HAYYIM

Rund um die Straßen Pórtou, Kondyláki und Sambelíou lag das Judenviertel von Chaniá. Seit dem 1. Jh. gab es eine jüdische Gemeinde auf Kreta. Erst Anfang des 20. Jh., nach dem Anschluss der Insel an das Mutterland, als der Nationengedanke gleichbedeutend war mit dem orthodoxen Christentum, ist ein Großteil von ihnen in die USA, nach Frankreich und nach Palästina emigriert. Die verbliebene Gemeinde, 264 Personen, fand 1944 ein tragisches Ende: Am 29. Mai 1944 wurde sie auf Befehl der deutschen Besatzungsmacht zusammengetrieben und mit griechischen Gefangenen auf den Tanker »Tanais« gebracht – mit Kurs Piräus. Von Athen sollten sie in die Konzentrationslager deportiert werden. Doch die letzten Juden Kretas sind dort nie angekommen, denn die »Tanais« wurde von einem britischen U-Boot torpediert und sank.

Die aus dem 16. Jh. stammende geschändete Synagoge Etz Hayyim in Chaniás Altstadt ist vermutlich **die älteste erhaltene Synagoge Griechenlands**. Aber für die internationale jüdische Gemeinde besaß Etz Hayyim keine Priorität, schließlich waren Kretas Juden nicht in den Gaskammern umgekommen, sie wurden nicht als Opfer des Holocaust betrachtet. Erst Mitte der 1990er-Jahre nahm sich der Amerikaner Níkos Stavroulákis, Sohn eines kretischen Auswanderers und einer jüdischen Mutter, der Wiederherstellung der Synagoge an. Zweimal brannte die Synagoge, zweimal baute er sie mit internationaler Hilfe wieder auf. Wer heute durch das Tor in den Vorhof tritt, ist von der friedlichen Atmosphäre berührt. Der Gottesraum ist wiederhergestellt, eine Mikwe mit frischem Wasser von den Weißen Bergen steht zur Verfügung. Aber es gibt keine Gemeinde mehr, nur mehr Gäste aus der ganzen Welt.

Paródos Kondiláki | www.etz-hayyim-hania.org | Mai–Mitte Okt. Mo–Do 10–18, Fr 10–15, Juli–Sept. zusätzlich So 10–15, Nov.–April Mo–Fr 10–15 Uhr, an griech. Feiertagen geschl. | Spende erbeten

❺ BYZANTINISCHE SAMMLUNG

Die kleine, aber sehenswerte byzantinische und postbyzantinische Sammlung hat in der ehemaligen Kirche San Salvatore einen würdigen Rahmen gefunden. Unter den Ikonen sticht das Bild vom Heiligen Georg des Kunstmalers Emmanuél Tzánes aus dem 17. Jh. hervor. Daneben werden liturgische Geräte, Fresken, Münzen, ein Mosaik und Skulpturen gezeigt.

Theotokópoulou 78 | Di–So 8–15 Uhr | Eintritt 2 €, erm. 1 €

❻ NAUTISCHES MUSEUM

Am Eingang zum Firkas-Komplex, einem Teil der venezianischen Befestigungsanlage, befindet sich das große Nautische Museum. An dieser Stelle hissten Venizélos und König Konstantin 1913 erstmals auf Kreta die griechische Flagge. In seiner Autobiografie »Bis er wieder tanzt« berichtet Míkis Theodorákis von einem Gefängnis, in dem einige seiner Vorfahren eingekerkert waren und er selbst seinen Wehrdienst ableistete.

Das Nautische Museum dokumentiert die lange Schifffahrtstradition Griechenlands anhand von frühen Schiffsmodellen bis hin zum U-Boot, Porträts berühmter Admiräle, nautischen Geräten und Seekarten. Ein Forschungsprojekt förderte den Nachbau eines minoischen Ruderschiffes. Die »**Minoa**« brachte 2004 Olivenzweige zu den 28. Olympischen Sommerspielen. Sie wird heute im östlichen Teil des Hafens in einer Dauerausstellung gezeigt (→ S. 107). Besonders eindrucksvoll ist die Dokumentation der deutschen Besetzung Kretas während des Zweiten Weltkriegs.

Fírkas-Bastion, Aktí Koundourióti | www.mar-mus-crete.gr | Mai–Okt. Mo–Sa 9–17, So 9.30–17.30, Nov.–März Mo–Sa 9–15.30 Uhr | Eintritt 3 €, erm. 2 €, Kombiticket mit der Dauerausstellung zum antiken und traditionellen Schiffsbau 4 €, erm. 2 €

❼ VENEZIANISCHER HAFEN

Im westlichen Teil des riesigen Hafenbeckens, zwischen Janitscharen-Moschee und Fírkas-Bastion, reiht sich Restaurant an Restaurant, Café an Café. Fischerboote, Jachten und die zahlreichen Ausflugsdampfer liegen dagegen im östlichen Teil des Hafens mit seinen Fischtavernen.

Chaniá besitzt keinen natürlichen Hafen. Die Venezianer versuchten bereits im 14. Jh., ein Hafenbecken auszuheben, mussten jedoch vor den heftigen (und bis heute aufbrandenden) Nordwinden und der Versandung kapitulieren. Erst im 16. Jh. wurde die lange Hafenmole an Felsen errichtet. Der pittoreske **Leuchtturm** auf ihrer Westseite stammt aus dem 19. Jh. Von hier aus bietet sich ein grandioses Panorama auf die Stadt vor dem Hintergrund der Weißen Berge. Für größere Pötte ist der gesamte Hafen von Chaniá zu klein. Die täglich ankommenden Autofähren aus Piräus legen wegen der zu geringen Wassertiefe am 8 km weiter östlich gelegenen Hafen in der Bucht von Soúda an.

❽ EHEMALIGE JANITSCHARENMOSCHEE

Die 1645/46 erbaute, heute für Kunstausstellungen genutzte Moschee am Hafen (auch: Hasan-Pascha-Moschee) ist ein fotogenes Wahrzeichen der Stadt. Zeitweise war sie die Gebetsstätte der Janitscharen, einer Elitetruppe der osmanischen Sultane. Sie wurde von jungen Männern gebildet, die als Kinder aus den christlichen unterworfenen Ländern des Balkans und Osteuropas geraubt wurden (sogenannte Knabenlese) und

Das Geklapper der Hufeisen gehört am venezianischen Hafen von Chaniá einfach dazu. Per Pferdekutsche geht es gemächlich am Wasser entlang.

eine streng militärische Erziehung genossen. Als Leibwächter des Sultans genossen sie durchaus hohes Ansehen.

Am Hafen, nur zu Ausstellungen zugänglich | Eintritt meist 1 €

⑨ GROSSES UND KLEINES ARSENAL

Die Arsenale am Hafen sind die eindrucksvollen Überreste von einst 22 Werfthallen der Venezianer, in denen die Galeeren gebaut und restauriert sowie in den stürmischen Wintermonaten eingelagert wurden. Heute sind noch zwei Hallen der kleinen und fünf der großen Anlage erhalten. Anfang des 20. Jh. wurde dazwischen ein Zollgebäude errichtet.

Östliches Hafenareal, Aktí Tombási

⑩ MINOISCHES SCHIFF

In einer ehemaligen venezianischen Werfthalle zieht die 17 m lange »Minoa«, der seetüchtige Nachbau eines über 3500 Jahre alten minoischen Ruderschiffs, das 2004 anlässlich der 28. Olympischen Sommerspiele von Chaniá nach Piräus fuhr, die Blicke der Besucher auf sich.

Aktí Enosséos/Ecke Defkalónios | www.mar-mus-crete.gr | Mai–Okt. Mo–Sa 9–17, So 10–18 Uhr | Eintritt 2 €, Kombiticket mit dem Nautischen Museum 4 €, erm. 2 €

Sie sind Segen und Fluch zugleich: Kretas Wildziegen. Doch hat man sich in Brüssel – zum Glück – für ihren Schutz entschieden. Geld spielt keine Rolle ...

EIN FALL FÜR DIE EUROPÄISCHE UNION

Kretas Ziegen

Die kretische Wildziege *(capra aegagrus cretica)*, von den Einheimischen »agrími« oder lautmalerisch »kri-krí« genannt, findet sich schon auf minoischen Siegeln und Malereien. Vor 70 Jahren war sie **beinahe ausgerottet**. Die Jagd auf das wegen seines Fleisches sehr begehrte Tier – im Zweiten Weltkrieg spendete es den Partisanen Kraft – hatte den Bestand auf wenige Exemplare in den schwer zugänglichen Weißen Bergen dezimiert. Buchstäblich in letzter Sekunde wurde das scheue Tier durch spektakuläre Aktionen gerettet, indem man es aus Furcht vor einer Vermischung mit der gemeinen Hausziege auf flache, der Küste vorgelagerte Inselchen in Quarantäne schickte. Das war keine Ideallandschaft für die leichtfüßigen Kletterakrobaten, aber eine hervorragende Beobachtungsstation. Die *agrímia* vermehrten sich prächtig und kehrten bald zurück in ihre Heimat der Steilhänge. Auch wegen des besonderen

Schutzes der Wildziege erklärte 1963 die griechische Regierung die Samariá-Schlucht und die umliegenden Berge zum Nationalpark, der auch bei der UNESCO als Biosphärenreservat gelistet ist. Geschätzt wird die Wildziegenpopulation heute wieder auf **2000 Exemplare** – ob es sich dabei um reinrassige Tiere oder doch um Kreuzungen mit verwilderten Hausziegen handelt, ist unklar. Wer sicher sein will, die echte *agrími* zu sehen, muss nicht auf die Berge kraxeln. Ein Spaziergang zum Gehege im Stadtpark von Chaniá ist ausreichend (→ S. 112).

Als **Nutztier** trug die Hausziege, *katsíka*, zur wirtschaftlichen Entwicklung und damit zum Reichtum der Insel bei. Sie ist ein wichtiger Bestandteil des kretischen Speiseplans und Zeichen des Wohlstandes einer wachsenden Bevölkerung. Zugleich nahm aber auch eine schleichende ökologische Katastrophe ihren Lauf. Denn die Ziege ist gefräßig, sie fällt über Wälder, Büsche und selbst die trockenste Macchia her. Liegt der Boden aber erst einmal frei, spült der Regen unablässig Erde ins Meer mit der Folge einer unumkehrbaren Verkarstung und Verwüstung. Heute steht Kretas Ziegenwirtschaft auf wackligen Beinen. Der Milchpreis ist stark gesunken, während sich die Kosten für importiertes Winter-Zufutter

> »Die Ziegen haben Euch arm gemacht und machen es noch. Nicht die Türken! Die Ziegen!«
> (Erhart Kästner, 1904–74)
> aus: »Kreta« (1975)

vervielfacht haben. Um Kretas Bauern und Hirten vor der EU zu beschützen bzw. vor der Käse-Supermacht Niederlande, bezuschusst die EU seit 1991 jede griechische Ziege (und jedes Schaf). Die Bauern nahmen dankbar das Angebot an. 35 % aller europäischen Ziegen grasen heute in Griechenland und nagen am kretischen Wald. Die Neuanpflanzungen bezahlt die EU ebenfalls – zu mehr als 90 %. Ergo serviert die EU Kretas Ziegen das vermutlich **teuerste Futter der Welt**. Der Käse ist es, weswegen man der Ziege dennoch mildernde Umstände zubilligen und ihren Bestand schützen sollte: ein hochwertiges Hirtenprodukt. Spätestens wenn im Kafeneíon Feta aus Seliá oder Graviera mit Gerstenzwieback zum Raki serviert wird, sind auch die kretischen Ziegen keine Sündenböcke mehr.

⑪ MINOISCHES KYDONÍA

Vom Hafen blickt man auf die **Überreste einer byzantinischen Stadtmauer**, über der sich der Stadtteil Kastélli erhebt. Es lohnt sich, hinaufzusteigen und durch die Gassen zu bummeln. In den Straßen Karaóli Dimitríou und Sífaka entdeckt das aufmerksame Auge immer wieder antike Spolien. An der Odós Canevaro sind die Grundmauern eines Gebäudes aus dem 15. vorchristlichen Jahrhundert von außen einsehbar.

Canevaro/Ecke Kantanoléon

⑫ ÁGIOS NIKÓLAOS (SPLÁNTZIA)

Von besonderem kulturgeschichtlichen Interesse ist die ehemalige Dominikanerkirche des Heiligen Nikolaus an der Plateía 1821 in der östlichen Altstadt. Wie viele andere Kirchen auch wurde sie in türkischer Zeit als Moschee genutzt und erhielt als sichtbares Zeichen dafür ein hohes **Minarett** mit zwei Balkonen. Nach der erneuten Weihe als griechisch-orthodoxe Kirche im Jahre 1912 setzten die Christen auf die andere Seite des Baus einen **Glockenturm**. Auf dem Platz davor lässt sich gut ein Kaffee abseits des großen Trubels genießen.

Meist vormittags geöffnet

⑬ MUSEUM DER GRIECHISCHEN FUSSBALL-NATIONALMANNSCHAFT

Profanem ist das private Museum in Chaniá gewidmet, das wohl als Spätfolge der griechischen Europameisterschaft 2004 gesehen werden darf. In die beeindruckende Sammlung von Trikots aus aller Welt ist viel Herzblut geflossen. Zu sehen sind außerdem Original-Bälle bedeutender Spiele, Eintrittskarten etc. Alles in allem rund 1000 Exponate rund um den Fußball. Sehr freundlicher Empfang.

Tsouderón 40 | meist 10–13 und 16–19 Uhr | Eintritt frei

Einer Zeitreise gleicht der Bummel durch die autofreien, schmalen Gassen von Chaniá, wo viele Gebäude, darunter Moscheen aus türkischer Zeit, an die wechselvolle Geschichte der Insel erinnern.

⑭ STADTPARK

Der 1870 unter Rauf Pascha nach europäischen Vorbildern angelegte Stadtpark mit seinem markanten **Uhrturm** ist ein beliebter Treffpunkt der Einheimischen, die sich im stilvollsten **Café** der Stadt auf einen Kaffee treffen, die Zeitung lesen und sich erholen. In einem kleinen **Tiergehege** werden auch einige kretische Wildziegen, die sogenannten *kri-krí*, gehalten. Im Sommer zeigt ein **Open-Air-Kino** aktuelle Filme.
Stratigoú Tsanakáki

Übernachten

2 MERIAN EMPFEHLUNG

① *Am Hafen*
ALCANEA

Boutique-Hotel mit sehr geschmackvoll gestalteten Zimmern, Terrassen und Patios am Rand der Altstadt. Das Gebäude stammt aus venezianischer Zeit und diente als Dienstsitz des Staatsmanns Elefthérios Venizélos. Von der Dachterrasse herrlicher Blick über den Hafen.
Angélou 2 | Tel. 28 21 07 53 70 | www.ariahotels.gr | 8 Zimmer | €€€

② *Geschichtsträchtig*
DOMA

In dem alten Konsulatsviertel Chalépas am Meer liegt das familiengeführte Hotel voller Geschichte, Antiquitäten und einem hinreißenden Früh-

stückssaal. Antonio Tabucchi hat hier gewohnt und geschrieben, und man möchte in seine Fußstapfen treten.
Venizélous 124 | Tel. 28 21 05 17 72 | www.hotel-doma.gr | 24 Zimmer und Suiten | €€€

Essen und Trinken

③ *Versteckt gelegen*
BOHEME

Neben dem Archäologischen Museum in einem Hof gelegen, pflegt das Restaurant eine kreative, junge kretische Küche mit vegetarischen und veganen Gerichten. Am Wochenende trifft man sich zum Brunch, in der Nacht zum Drink und lässt sich von den Kreationen von Michális Botonákis, einem der renommiertesten Bartender Griechenlands, verführen.
Chalidón 26–28 | Tel. 28 21 09 59 55 | tgl. 8–4 Uhr | €€

④ *Treffpunkt der Kreter*
TA CHÁLKINA

Beliebte Taverne am Hafen, aufgetischt werden typisch kretische Spezialitäten. Am Abend häufig Livemusik.

Aktí Tombási 29 | Tel. 28 21 04 15 70 | www.chalkina.com | tgl. ab 12 Uhr | €–€€

⑤ *Bio-zertifiziert*
GLOSSÍTSES

Hier kommen nur regionale und saisonale Produkte auf den Tisch. Ein Restaurant ohne Mikrowelle, aber mit viel kreativer Energie. Die Kreter sind begeistert!

Aktí Enosséos 4 | tgl. ab 13 Uhr | €€

⑥ *Lässiger Chic*
SAILING CLUB SEA LOUNGE AND ESPRESSO BAR

In einer alten venezianischen Werfthalle richtete der Jacht-club von Chaniá eine Lounge ein, die auch für Ausstellungen genutzt wird. Groß ist die Auswahl an kretischen Kräu-tertees, die mit Honig gesüßt und teilweise auch mit Safran gewürzt werden können.

Aktí Enosséos/Ecke Defkalíonos | Tel. 28 21 04 02 65 | tgl. 7–3 Uhr | €€

⑦ *Am Wasser*
THALASSINÓ AGÉRI

Die ausgezeichnete Fischta-verne steht vor filmreifer Ku-lisse im alten Industrieviertel Tabakaría, das für seine Le-derverarbeitung berühmt war und heute zum größten Teil verlassen ist. Serviert werden Fischspezialitäten wie See-igelsalat, Oktopus, Hummer und frischer Tagesfang.

Viviláki 35 | Tel. 28 21 05 11 36 | www.thalasino-ageri.gr | tgl. ab 19 Uhr | €€

⑧ *Tradition verpflichtet*
CAFÉ KÍPOS

In einem der schönsten Cafés Griechenlands wird der Mok-ka noch in den traditionellen Kupferkännchen mit langem Stiel serviert. Die Auswahl an Kuchen und Torten ist ex-zellent und die Zitronentarte wahrlich ein Gedicht. An den Wänden hängen Fotos vieler prominenter Gäste.

Im Stadtpark | Tel. 28 21 05 45 20 | www.kiposcafe.gr | tgl. ab 8 Uhr | €€

⑨ *Legendär*
IORDÁNIS

Seit 1924 eine Institution. Chanióten reisen von weither an, um die *bougátsa*-Píttes kiloweise für zu Hause mitzunehmen. Das Rezept stammt von einem Türken, der nach 1922 Kreta verlassen musste. Während andere aus Kleinasien eingewanderte Griechen Ackerland erwarben, übernahm der aus Istanbul zugereiste Urgroßvater des jetzigen Inhabers den Laden. Apokorónou 24, in der Nähe der Markthalle | www.iordanis.gr | tgl. bis ca. 14 Uhr | €

Einkaufen

⑩ *Ein Klassiker*
MARKTHALLE
An Chaniás Hauptplatz, der Plateía El. Venizélou an der Grenze zwischen Alt- und Neustadt, ließen sich die Chanióten im Jahre 1911 ihre Markthalle erbauen – in der Form eines gleichschenkligen Kreuzes. Das Marktgeschehen ist heute stark touristisch geprägt, aber die Agorá immer noch einen Besuch wert. Plateía Sofoklí Venizélou

⑪ *Schräges Design*
GEORGÍNA SKALÍDI
Ungewöhnliche Farbkombinationen, dazu eine Vorliebe für asymmetrische Formen und eine geniale Kombinati-

on von Klassik und Moderne zeichnen die Taschen, Schuhe und Clutches der Designerin aus. Kein Wunder, dass sie Fans in der ganzen Welt hat. Chatz. Daliani 58 | www.georgi naskalidi.com | Mo, Mi, Sa 11– 14.30, Di, Do und Fr 11–17 Uhr

⑫ *Kreativ*
ELEPHANT STORE
Netter Laden mit hübschen Accessoires, Bademode, Kleidung, Schmuck, Sonnenbrillen, Kissenbezügen und zahlreichen anderen nützlichen Dingen zum Stöbern. Modernes, griechisches Design. Kondiláki 30 | tgl. 10–20 Uhr, im Winter reduzierte Öffnungszeiten

⑬ *Für Kunstfreunde*
EXÁNTAS ARTSPACE
Buchhandlung und Kunstgalerie in einem! Alte Postkarten mit Ansichten von Chaniá, griechische Buchkunst, Keramik und Schmuck. Zambéliou/Ecke Moshón | tgl. 11–22 Uhr

⑭ *Schmuckes Design*
CARMELA
Carmela Iatropoúlou und ihr Ehemann Dimítris bieten selbst hergestellten Silber- und Goldschmuck an und be-

raten ihre Kunden dabei auf erstklassige Weise.

Angélou 7 | www.facebook.com/ carmela.chania | tgl. 11–22 Uhr

Abendgestaltung

Urlauber und Einheimische treffen sich im Altstadtviertel am westlichen Hafenrund, wo Musik-Cafés und Restaurants mit kretischer Livemusik um Kunden werben. Die Jugend trifft sich hingegen in den Discos am östlichen Rand des Hafenbeckens hinter dem Hotel Porto Veneziano.

⑮ *Am Hafen*
ELLI

Lässige Bar, in der lokale DJs regelmäßig für gute Stimmung sorgen.

Akti Kountourióti 48 | Facebook: ellicafebar | unregelmäßige Öffnungszeiten | €€

THÉRISSO   D3

100 Einwohner

Das kleine Bergdorf spielt in der kretischen Geschichte eine große Rolle. Hier verkündete der große kretische Staatsmann **Elefthérios Venizélos**, der im nahen Dorf Mourniés geboren wurde, 1905 die einseitige Proklamation zur Vereinigung mit Griechenland, die zum Aufstand gegen die Willkürherrschaft des griechischen Kronprinzen Georg und schließlich zu dessen Abdankung führte. Bis zum Anschluss Kretas an Griechenland hatten Venizélos und seine Mitstreiter hier ihr Hauptquartier. Auf dem Dorfplatz steht ein Denkmal für den siebenmaligen griechischen Premierminister Venizélos.

»Wehe dem Land, welches keine aufständische Jugend und konservative Alte hat.« (Elefthérios Venizélos, 1864–1936)

Thérisso mit seinen Grilltavernen ist ein beliebtes Ausflugsziel der Chanióten, zumal die Straße durch die etwa 6 km lange und bis über 600 m hohe, gewundene Schlucht (*theriasianó farángi*, auch **Venizélos-Schlucht** genannt) führt. Die Schlucht kennt in Chaniá jedes Schulkind wegen der Kämpfe im Revolutionsjahr 1821: 300 Kreter schlugen sich tapfer gegen 5000 Osmanen, die bittere Rache nahmen und Thérisso abbrannten.

Vorbei an blumengeschmückten Arkaden und über eine Freitreppe gelangt man zur Kirche des Klosters Agía Triáda, das auch ein kleines Museum unterhält.

Sehenswertes

MUSEUM UND HAUPTQUARTIER DER REVOLUTION VON THÉRISSO 1905

Das geschichtsträchtige Haus berichtet anhand zahlreicher historischer Dokumente und Waffen von der spannenden Epoche Kretas von der Autonomie 1895 bis zum Anschluss an das griechische Mutterland 1913.

www.venizelos-foundation.gr | Mai–Sept. Di–So 11.30–15, Okt.–April Di–Fr 10–13, Sa und So 11.30–14.30 Uhr | Eintritt 2 €, erm. 1 €

AKROTÍRI   D/E2

Auf der Halbinsel nordöstlich von Chaniá liegen viele Kapellen und Klöster, mehrere Dörfer, der Betonklotz der **TU Kreta**, **der internationale Flughafen** und die **Raketenabschussbasis Namfi** (NATO missile firing base), auf der auch Bundeswehrsoldaten stationiert sind. Chanióten fahren gern zum kleinen Strand **Maráthi** mit seinen Fischtavernen. Am Strand von

Stavrós an der Nordküste wurde die legendäre Schlussszene des Films »Alexis Sorbas« zur Musik von Míkis Theodorákis gedreht. Auf dem **Alliierten-Soldatenfriedhof** an der Straße vom Flughafen nach Soúda sind 1527 Opfer des deutschen Überfalls auf Kreta im Jahre 1941 begraben.

Sehenswertes

AUSSICHTSPUNKT PROFÍTIS ILÍAS

Einen traumhaften Blick über die Bucht von Chaniá und ihr Hinterland mit den bis in den Mai hinein schneebedeckten Weißen Bergen genießt man vom 122 m hohen Hügel Profítis Ilías aus, auf dem auch die fahnengeschmückten **Gräber von Elefthérios und Sofoklís Venizélos** liegen. Beide Staatsmänner – Vater und Sohn – wurden in Chaniá geboren und dienten als Ministerpräsidenten ihrem Land. Das Porträt von Elefthérios Venizélos ziert die griechische 50-Cent-Münze.

Ständig frei zugänglich

KLOSTER AGÍA TRIÁDA

Das auf den ersten Blick trutzig wirkende, große Mönchskloster (Monastíri Agía Triádas ton Tzangarólon) geht auf eine venezianische Gründung im 17. Jh. zurück. Im Laufe seiner Geschichte hat es auch als Ausbildungsstätte und Lazarett gedient. Die deutsche Besatzung nutzte es für militärische Zwecke. Es besitzt eine Sammlung äußerst wertvoller **Ikonen**, **Bibeln** und ein **Altartuch aus dem 12. Jh**. Der Klostershop vertreibt die eigenen (Bio-)Produkte: Wein, Olivenöl, Seifen, Cremes.

Zwischen Flughafen und Stavrós (ausgeschildert) | tgl. 9–18 Uhr, im Winter gegebenenfalls zwei Stunden Mittagspause | Eintritt 2 €

KLOSTER GOUVERNÉTO

Noch ein Jahrhundert älter ist das ebenfalls stark befestigte Marienkloster Gouvernéto (Monastíri Kyrías ton Angélon). Es ersetzte das Kloster Katholikón, das nach mehreren Piratenangriffen aufgegeben wurde und heute eine schöne Ruine in einer Schlucht ist, die man auf einem mit Natursteinen gepflasterten Weg von Gouvernéto in 30 Minuten zu Fuß erreicht. Dabei kommt man an der Bärenhöhle vorbei, benannt nach einem bärenförmigen Stalagmiten. Im Klostermuseum sind Tragikonen und Handschriften ausgestellt.

Ca. 4 km nördlich vom Kloster Agía Triáda | Mo, Di, Do 9–12 und 17–20, Sa und So 9–11 und 17–20 Uhr | Eintritt 2,50 €

ÁPTERA E3

Das einsam gelegene Ruinenfeld erhebt sich auf einem 200 m hohen Plateau über der Bucht von Soúda. Der Name Áptera (flügellos) bezieht sich der Legende nach auf einen Musikwettbewerb, den die Sirenen gegen die Musen austrugen, dabei verloren, ihre Flügel von den Schultern entfernten und ins Meer warfen. Zu sehen sind **Reste einer türkischen Burg** und Zeugnisse einer antiken griechisch-römischen Stadt mit den **Ruinen eines dorischen Tempels**. Die Stadt erlebte ihre Blütezeit in der hellenistisch-römischen Epoche. Damals war sie von einer teilweise noch erhaltenen 4 km langen Mauer umgeben. Sehr gut erhalten sind eine dreischiffige **römische Zisterne** mit Kuppeldach und die **Ränge eines römischen Theaters**, unter dem ein noch älteres liegt. Das mittelalterliche Kloster Ágios Ioánnis Theológos wurde erst im 20. Jh. aufgegeben.

14 km östlich von Chaniá oberhalb der Nationalstraße Richtung Réthimno | Di–So 8–15 Uhr | Eintritt 2 €, erm. 1 €

FRES E3

400 Einwohner

Durch den Torbogen am idyllischen Dorfplatz führt ein gut befahrbares Sträßlein zu der rund 1,5 km außerhalb ganz einsam gelegenen **Felskapelle Panagía ton dýo vrachón** (Allheilige zu den beiden Felsen), deren Festplatz mit langen Tischen und Bänken in einem ausgesprochen liebevoll angelegten Felsgarten sich hervorragend für ein (mitgebrachtes) Picknick zwischen Oleander und Opuntien, Rosen, Efeu, Glyzinien, Feigen- und Olivenbäumen eignet.

Was macht einen griechischen Salat aus? Frisches Gemüse, gutes Olivenöl und verschiedene Kräuter. Im Vamos Traditional Village werden die Tricks verraten.

REGION APOKORÓNAS E3

Mithilfe von Fördergeldern haben sich Dörfer wie **Vámos**, **Douliá** und **Gavalochóri** sowie umliegende Gemeinden zu einer ökologisch nachhaltigen Feriendestination entwickelt. So wurden alte Steinhäuser sorgfältig restauriert und Kooperativen eingerichtet, die traditionelle Produkte herstellen sowie Verkostungen, Wanderungen und Kochkurse organisieren. Das schafft Arbeitsplätze für die junge krisengeschüttelte Generation, die aus Athen in die Heimat zurückkehrt.

Das **Vamos Traditional Village** (www.vamosvillage.gr) lädt zur Trauben- und Olivenlese ein, organisiert Wildkräuterwanderungen und führt in die Technik des Raki-Brennens ein. Auf der Homepage werden auch Unterkünfte angeboten.

GEORGIOÚPOLIS E3

2400 Einwohner

Der »Jorjúpolis« ausgesprochene Ort – der Name erinnert an Prinz Georg, der von 1898 bis 1905 Hochkommissar von Kreta war – hat sich in den 1990er-Jahren vom Fischerdorf zum populären Urlaubsziel entwickelt. Die neuen Hotels liegen nahe-

Er ist ein Refugium für verschiedene Tierarten, darunter Libellen und Wasser-
schildkröten – der Kournás-See nahe Georgioúpolis.

zu ausschließlich am 10 km langen, wenig bebauten Sandstrand östlich des Ortskerns. Auf dem Dorfplatz spenden
einige der höchsten Eukalyptusbäume Kretas Schatten. In den
beiden kurzen Flussläufen leben im dichten Schilf Sumpf-
schildkröten, Frösche und Aale. Bei Tretbootfahrten auf dem
Almirós kann man Flora und Fauna gemütlich erkunden.
Zwischen beiden Flüssen führt ein etwa 80 m langer Damm
hinüber zur modernen **Kapelle Ágios Nikólaos**, die pittoresk
auf einem winzigen Felsinselchen thront. Am frühen Abend
flitzen Hunderte Krebse über die Felsbrocken. Wenn der Wind
mal wieder zu stark ist und das Baden unmöglich macht, ist
der geschützte **Strand von Kaliváki** eine gute und erfrischende
Alternative: Hier mündet ein eiskalter Fluss ins Meer und sorgt
auch an den heißesten Tagen für Abkühlung.

Übernachten

Gute Lage
CORISSIA PRINCESS
Wer ein mittelgroßes Bade-
hotel sucht mit der Möglich-
keit, viel individuell und gegebenenfalls auch ohne den
Mietwagen zu unternehmen,
ist hier genau richtig. Am
großen Strand gelegen, ist es
dennoch nur einen Katzen-
sprung ins Dorf und zur Nationalstraße mit Busverbin-

dungen in die sehenswerten Städte Réthimno und Chaniá. Ein weiterer Pluspunkt ist die sehr schöne Dachterrasse mit Cocktailbar und herrlichem Weitblick. Zum Hotelangebot gehören neben einem Süßwasserpool auch Massagen.

Am Ortsende der Uferstraße | Tel. 28 25 08 30 10 | www.corissia. com | 69 Zimmer | €€

Essen und Trinken

Süße Verführung
SWEET HOUSE
Eine der besten Konditoreien der Gegend. Kuchen und Torten sind ebenso ausgezeichnet wie das Eis und die Milch-Shakes.

Platéia | Tel. 28 25 06 13 07 | tgl. 7 Uhr bis Mitternacht | €

KOURNÁS-SEE E3

Kretas einziger Süßwassersee liegt eingeschlossen von Bergen unweit des Meeres. Er misst etwa 1,3 km im Durchmesser und ist bis zu 64 m tief. Das Schwimmen im See ist mittlerweile verboten, aber man kann hier Tretboot fahren, wenn es an der Küste mal wieder viel zu windig ist.

Essen und Trinken

Lamm vom Feinsten
KALÍ KARDIÁ
Unter dem Maulbeerbaum der einfachen Taverne werden Grillspezialitäten serviert, die derart würzig und saftig sind, dass man hier ganz schnell zum Stammgast wird.

Im oberhalb des Sees gelegenen Dorf Kournás an der Hauptstraße | Tel. 28 25 09 62 78 | tgl. 10–23 Uhr | €

FRANGOKÁSTELLO E4

Jedes Jahr um den 18. Mai gehen sie wieder um: die schwarzen Gespenster, *drousoulítes* (»Taumänner«) genannt, die sich im Morgentau zu Fuß oder hoch zu Ross als Schatten auf die venezianische Ruine zubewegen. In der kretischen Legende sind sie die Geister von mehreren Hundert Griechen, die bei der Belagerung von Frangokástello durch die Osmanen am 18. Mai 1828 ihr Leben ließen. Angeblich haben Wehrmachtsoldaten auf sie geschossen, weil sie die Schatten für Partisanen hielten. Dabei handelt es sich an windstillen Tagen mit hoher Luftfeuchtigkeit nur um eine optische Täuschung im Morgengrauen. Die Legende der umgehenden Gespenster hält sich dennoch hartnäckig in der Volksliteratur.

Den Bau der Burg, die an einer flachen Stelle weit weg von Siedlungen am Libyschen Meer errichtet wurde, haben die Venezianer 1371 zum Schutz der Region vor Piratenüberfällen begonnen, doch zögerte sich die Fertigstellung aufgrund des Protests der Sfakióten, die eine Beaufsichtigung befürchteten, immer wieder heraus. Die »Frankenburg« hat einen quadratischen Grundriss mit je einem Turm an den vier Ecken. Über dem Haupteingang erkennt man ein Relief mit dem Markuslöwen sowie die Wappen der Familien Quirini und Dolfin.

Der breite Sandstrand vor der Burg fällt besonders flach ab und ist für Familien mit Kleinkindern bestens geeignet. Einzigartig ist der **Orthí-Ámmos-Strand** etwas weiter östlich mit seiner etwa 20 m hohen, dünenartigen Sandaufwehung.

März–Okt. tgl. 9–19 Uhr | Eintritt 1,50 €

ÍMBROS   E4

50 Einwohner

Das Dorf in 780 m Höhe ist heute das Zentrum der fruchtbaren **Askífou-Hochebene**. Von hier führt eine kinderleichte zweieinhalbstündige Wanderung (mit festem Schuhwerk) durch eine **7 km lange Schlucht**, die an der engsten Stelle nur 2 m misst, ins beschauliche Dorf **Komitádes**.

Einstieg in Ímbros an der Taverne Porofárango | Eintritt 2,50 €

Essen und Trinken

An der Schlucht
POROFÁRANGO

Mit schönem Blick in die Schlucht genießt man in familiärer Atmosphäre ausge-zeichnete Spezialitäten vom Grill und andere typisch kretische Gerichte. Das angebotene Ziegenfleisch stammt übrigens aus eigener Zucht.

An der Hauptstraße | Tel. 28 25 09 54 50 | tgl. 11–23 Uhr | €

Mehr als 10 000 alliierte Soldaten wurden 1941 von dem kleinen Küstenort Chóra Sfakíon aus nach Ägypten ausgeschifft.

CHÓRA SFAKÍON E4

280 Einwohner

Der kleine Ort an der Südküste ist ein Reiseziel für Individualurlauber. Leben kommt lediglich nachmittags für ein paar Stunden ins Dorf, wenn die Boote aus Agía Rouméli die erschöpften Samariá-Wanderer zurück zu den Bussen bringen. Mehrere kleine Strände gibt es außerhalb. Sie sind zu Fuß und teilweise auch mit dem Bootstaxi zu erreichen.

Chóra Sfakíon ist der Hauptort einer ganzen Region, der Sfakiá, in deren 21 Dörfern etwa 4000 Menschen leben. Sie sind in Griechenland für ihren Mut und ihre unbeugsame Freiheitsliebe berühmt. Die Sfakióten sind stolz, dass es weder den Venezianern noch den Osmanen gelungen war, die Region komplett zu unterwerfen. Mannes- und Familienehre sind hier noch immer sehr geschätzte Tugenden; die Blutrache ist deswegen in der Sfakiá noch bis weit ins 20. Jh. praktiziert worden. Míkis Theodorákis schreibt in seiner Autobiografie »Bis er wieder tanzt« über die Herkunft seiner Vorfahren: »Das ist das berühmte Sfakiá! Der Ort der Sagen. Hierher kamen weder die Türken noch die Venezianer noch die Hunnen unserer Tage. Hier leben und sterben die Menschen frei.«

Eine Frage von Ehre und Heldentum

Eines der beliebtesten Souvenirs aus Kreta sind T-Shirts mit durchlöcherten Ortseingangsschildern. Die griechische Polizei schätzt, dass etwa **1,5 Millionen Schusswaffen** auf Kreta im Umlauf sind – statistisch kämen demnach auf jeden Kreter zwei Waffen. Und es stimmt: Viele Ortsschilder in der Sfakiá (→ S. 123) und am Fuße des Ída sind zerschossen – getreu der inoffiziellen Hymne Kretas »Wann wird der Himmel wieder klar und wird es Februar werden? Dass ich nach meiner Flinte greif', dem schönen Schwert Patrona.«

Wer auf Ortsschilder schießt, tut dies womöglich, weil er seinem Unmut über die Beschriftung in lateinischer Schrift Ausdruck verleihen möchte, denn früher waren die Eingangsschilder ausschließlich auf Griechisch. Oder, um sich im Waffengebrauch zu schulen. Eine Waffe zu besitzen, ist Zeichen der *levendiá*, des Heldentums, und nicht selten des *filótimo*, des Ehrgefühls. Normalerweise richtet man sie auf Turmfalken und Hasen, und nicht selten in die Höhe, um seinen Gefühlen bei **Dorffesten** und **Hochzeiten** freien Lauf zu lassen. Dass ab und zu ein Schuss danebengeht, nimmt man achselzuckend in Kauf, zumindest dann, wenn die Patrone nur ins Reis-Pilafi fällt. Dieses uralte kretische Männlichkeitsgehabe ist natürlich illegal, »apagorévountai ta pistólia«, Pistolen verboten, liest man in den Vereinshallen der Dörfer, aber wen schert das hier schon?

Die meisten Waffen stammen übrigens noch aus der deutschen Besatzungszeit und sind in der **Sfakiá** im Umlauf, die berühmt-berüchtigt ist für einen unbeugsamen, manchmal geradezu halsstarrigen Menschenschlag. Viehdiebstahl oder Viehtötung als blutiger Rachefeldzug unter Bauern gelten dort noch als harmlose Delikte. Kein Wunder, dass die Athener Schriftstellerin Ioánna Karystiáni ihren lesenswerten Roman »Schattenhochzeit«, der um eine blutige Familienfehde kreist, ausgerechnet in der Sfakiá ansiedelt.

Ein Sfakióte hat sich als Kämpfer gegen die Osmanen einen solch großen Namen gemacht, dass nach ihm in nahezu allen kretischen Orten Straßen und Plätze benannt sind: »**Daskalogiánnis**« – Giánnis, der Lehrer. In Anópolis als Giánnis Vláchos geboren, wurde er »der Lehrer« genannt, weil er lesen und schreiben konnte. Als erfolgreicher Kaufmann unterhielt er Kontakte bis nach Russland. Zarin Katharina II. sicherte ihm im Kampf gegen die Türken finanzielle wie militärische Unterstützung zu. Daskalogiánnis scharte die Sfakióten und andere Kreter um sich und schlug 1771 los. Die russische Hilfe aber blieb aus, und Daskalogiánnis wurde von den Türken in Iráklio getötet.

»Der Kreter ist der Supergrieche: Alle Eigenschaften des Hellenenvolkes steigert er zum Extrem, im Guten wie im Bösen.«
(Johannes Gaitanídes, 1909–1988) aus: »Griechisches allzu Griechisches« (1982)

Jahrhundertelang waren die Sfakióten Hirten und Seefahrer. Viele waren aber auch emigriert. Mit dem Einsetzen der touristischen Erschließung der Region in den 1970er-Jahren kehrten viele Emigranten zurück.

Fährverbindungen zwischen April und Oktober zwischen Chóra Sfakíon, Loutró, Agía Rouméli, Soúgia und Paleóchora: www.anendyk.gr, zu den Stränden um Chóra Sfakíon: www.taxiboatsfakia.gr

ANÓPOLIS D4

370 Einwohner

In den Kafeneía von Anópolis kommt man schnell mit den Einheimischen in Kontakt. Ein schmackhaftes Mitbringsel von hier ist der Thymianhonig. Unbedingt empfehlenswert ist die aussichtsreiche Weiterfahrt ins nur 3 km entfernte, verlassene Bergdorf **Arádena** am Rande der gleichnamigen Schlucht. Eine klapprige Straßenbrücke führt hinüber; am Dorfrand erhebt sich über der Schlucht die dem Erzengel Michael geweihte und (leider stets verschlossene) Kirche aus dem 14. Jh. Mutige können hier an Sommerwochenenden einen 138-m-Sprung am Bungee-Seil in die Schlucht wagen (www.bungy.gr).

LOUTRÓ D4

50 Einwohner, nur im Sommer

Das abgelegene, völlig autofreie Dorf am Fuß der Weißen Berge ist immer noch ein Traumziel von Individualurlaubern, Naturliebhabern und zunehmend von Tagestouristen. Sie schätzen das glasklare Wasser und die Abgeschiedenheit. Man erreicht Loutró nur per Schiff von Chóra Sfakíon und Agía Rouméli oder aber zu Fuß auf einem alten Hirtenpfad vom oberhalb gelegenen Anópolis aus.

Übernachten

Lokalmatador
PORTO LOUTRÓ

Das Hotel hat schon 1989 die ersten Urlauber nach Loutró gezogen und ist noch immer der Spiritus rector des Ortes. Die Zimmer haben Schiefer- oder Marmorfußböden und Holzbalkendecken, sind luftig und besitzen fast alle einen Balkon mit Meerblick.

Die Atmosphäre ist sehr leger, allerdings sind Kinder unter sieben Jahren ebenso wie Haustiere in diesem Hotel unerwünscht.

Tel. 28 25 09 14 33 | www.hotel portoloutro.com | 23 Zimmer | €€

MERIAN TOP 10

SAMARIÁ-SCHLUCHT D4

Die spektakuläre Samariá-Schlucht mit ihren bis zu 600 m steilen Felswänden gilt als **längster Canyon Europas** und ist längst zum Ziel des Massentourismus geworden. Organisierte Tagesausflüge werden in allen Urlaubsorten angeboten. Viele Tausend Wanderer durchqueren jede Saison die Schlucht, und so mancher unterschätzt seine Kondition. Gutes Schuhwerk, ausreichend Proviant und Wasser sowie ein verlässlicher Sonnenschutz sind für die Wanderung unerlässlich (→ S. 202).

Samariá National Park, Eingang in über 1200 m Höhe am Rand der Omalós-Hochebene | www.samaria.gr | Dauer der Wanderung: ca. sechs Stunden bis Agía Roúmeli | Mai–Okt. 7–16 Uhr (Einstieg vor 12 Uhr!) | Eintritt 5 € | die letzte Fähre von Agía Rouméli nach Chóra Sfakíon legt um 17.30 Uhr ab, www.anendyk.gr

Das Gegenprogramm zum durchorganisierten Urlaubsgeschehen. Wer in Loutró seine Ferien verbringt, der sucht Ruhe, Abgeschiedenheit und Authentizität.

Übernachten

Für Schluchtengänger
NÉOS OMALÓS
Gut für eine Zwischenübernachtung geeignetes Hotel, wenn man vor dem Ansturm der Massen zur Wanderung durch die Samariá-Schlucht aufbrechen möchte.
Omalós-Ortszentrum, am Ausgangspunkt der Wanderung | Tel. 28 21 06 75 90 | www.neos-omalos.gr | 26 Zimmer | €

SOÚGIA C4

110 Einwohner

Die kleine Küstensiedlung zwischen Paleóchora und Agía Rouméli ist ein einsam gelegener, entspannter Badeort, der überwiegend ein jüngeres, das traditionelle Kreta suchendes Publikum anzieht. Das Leben spielt sich entlang der nur etwa 200 m langen Uferstraße mit ihren Tavernen und Cafés ab. Einzige Sehenswürdigkeit ist die moderne Dorfkirche **Ágios Pantelímonos** auf einem Feld ca. 200 m vom Ortszentrum entfernt. In ihrer vorderen Hälfte ist ein Teil eines Bodenmosaiks aus einer

Mit dem Paddelboot die wunderschöne Küste entdecken, an einsamen Buchten pausieren ... In Paleóchora werden Urlaubswünsche wahr.

frühchristlichen Basilika erhalten, die im 6. Jh. an dieser Stelle stand (Schlüssel in der Pension Elyros erfragen). Die wertvolleren Teile mit den hübschen Tierdarstellungen wurden längst ins Archäologische Museum von Chaniá gebracht. Soúgia ist eine ideale Destination für alle, die Badeurlaub mit Wanderungen verbinden möchten.

Übernachten

An der Uferstraße
SANTA IRENE

Eine angenehme Unterkunft im Zentrum mit Studios und Apartments für bis zu fünf Personen. Die meisten davon mit Balkon, Kochecke, Safe, Telefon, TV und Klimaanlage. Zur Pension gehören ein Café und eine Snack-Bar.

Tel. 28 23 05 13 42 | www.sougia. info | 12 Studios, 2 Apartments | €

Essen und Trinken

Ein Elsässer auf Kreta
ÓMIKRON

Jean-Luc Delfosse gehört zu den Auswanderern, die seit 30 Jahren auf Kreta eine neue Heimat gefunden haben. Mit Ehefrau Angelikí serviert er kretische, internationale und elsässische Spezialitäten wie Flammkuchen.

An der östlichen Strandpromenade | Tel. 28 23 05 14 92 | €€

AGÍA-IRÍNI-SCHLUCHT C4

Die 7,5 km lange Schlucht ist fast so wild wie die berühmtere Samariá-Schlucht und mit Oleander und Salbei bewachsen, nur sind die Felswände erheblich niedriger. Dafür wälzen sich keine Massen durch die Schlucht. Sie beginnt unterhalb des Dorfes **Agía Iríni** und führt in südliche Richtung auf **Soúgia** zu. Vom Ausgang der Schlucht bis Soúgia muss man entweder über eine breite Piste und eine Asphaltstraße 5 km laufen oder auf ein in Soúgia vorbestelltes Taxi warten.

Tel. 69 72 37 04 80 oder 69 77 74 51 60 | www.taxi-selino.com

KÁNDANOS C3

420 Einwohner

Das Dorf wurde zu Beginn der deutschen Besatzung am 3. Juni 1941 als »Vergeltungsmaßnahme« für einen Hinterhalt, der 25 deutschen Soldaten das Leben gekostet hatte, in Schutt und Asche gelegt. Der von **Kurt Student**, dem ranghöchsten General der Fallschirmtruppe und Organisator des Angriffs auf Kreta, am 31. Mai erlassene Befehl zeigt die unerbittliche Härte der Wehrmacht: »Als Vergeltungsmaßnahmen kommen in Frage: 1.) Erschießungen 2.) Kontributionen 3.) Niederbrennen von Ortschaften 4.) Ausrottung der männlichen Bevölkerung ganzer Gebiete. [...] Es kommt nun darauf an, alle Maßnahmen mit größter Beschleunigung durchzuführen, unter Beiseitelassung aller Formalien und unter bewusster Ausschaltung von besonderen Gerichten. [...] Sie kommen für Bestien und Mörder nicht infrage.« Student hat sich nie vor deutschen oder griechischen Gerichten verantworten müssen. Ein **Denkmal** an der Hauptstraße erinnert an das Kriegsverbrechen.

PALEÓCHORA C4

2200 Einwohner

Ein hübsches Städtchen an der Südküste mit attraktivem Strand. In den Bars und Cafés an der Hauptstraße herrscht bis in die frühen Morgenstunden hinein quirliges Treiben. Hier bestimmen nicht große Hotels das Ortsbild, sondern die Häuser der Einheimischen. Lohnende Ausflugsziele sind stille Bergdörfer und ortsferne Strände in ruhigen Buchten – etwa der Strand von Elafónissos westlich von Paleóchora. Mit Linienschiffen gelangt man zu anderen Orten der Südküste und nach Gávdos, der südlichsten Insel Europas.

Sehenswertes

KASTELL SÉLINO
Im ersten Jahrhundert der Venezianerherrschaft wurde nach der Unterdrückung von Aufständen in der Region die Errichtung einer Festung auf dem Kap beschlossen. Das Kastell Sélino besaß hohe Mauern, zinnenbewehrte Türme und Militärgebäude und wurde doch von Widerstandskämpfern zerstört. Die neue Burg wurde später von den Osmanen verwüstet, sodass heute nur die Außenmauern stehen. Der Aufstieg lohnt wegen der Aussicht auf Paleóchora, Berge und Meer.
Frei zugänglich

THE ACRITANS OF EUROPE
Als Akriten bezeichnet man die Bewohner des muslimisch-byzantinischen Grenzgebiets im Mittelalter. Einer der bekanntesten ihrer Helden ist der Riese Digenís Akrítas. Die Akriten trugen zur Sicherung der byzantinischen Grenze bei. Das weltweit einmalige Museum ist das Ergebnis eines Forschungsprojekts und zeigt u. a. Musikinstrumente, Karten und Kostüme.
Strovlón 28 | Juli–Sept. Mi–Fr 10–13, im Sommer zusätzlich 18.30–21 Uhr, Okt.–Juni nur nach Vereinbarung | Eintritt frei

Übernachten

Mit Stil
LIBYAN PRINCESS
Gepflegtes Haus mit edel-modern eingerichteten Zimmern, einem ausgezeichneten Frühstück sowie Spa-Angeboten, Sauna, Pool ... In drei Minuten erreicht man zu Fuß von hier aus den Strand.
Tel. 28 23 04 20 30 | www.libyanprincess.gr | 33 Zimmer und 1 Suite | €€

Essen und Trinken

Für Gourmets
PASIFAE

Das im Sommer 2019 eröffnete Restaurant der Brüder Nektários und Michális Zouridákis bietet eine kreative mediterrane Küche auf hohem Niveau, die traditionelle Rezepte ganz neu interpretiert. Köstlich sind Zicklein in Wein-Zitronensauce und Sepia-Risotto. Gute Weinauswahl einheimischer Erzeuger. Das Auge isst mit! Direkt am Fähranleger gelegen.

Konstantínos Kriáris | Tel. 28 23 04 22 88 | tgl. 17–23 Uhr | €€

Im Trend
MONIKAS GARDEN

Weinstube mit Garten, in der über 30 kretische Weine auch glasweise ausgeschenkt werden. Dazu gibt es Wurst, Käse, kretische Snacks mit einer dezenten Musikuntermalung.

Eparchiakí Odós Stróvlon-Paleóchoras 28 | tgl. 18–1 Uhr | €

Stadtbekannt
TO STÉKI

Für die legendären *loukoumádes*, Krapfenbällchen mit Honig, kommen Schleckermäulchen von weit her.

Eparchiakí Odós Tavronítis-Paleóchoras 62 | tgl. 18–2 Uhr | €

GÁVDOS D6

150 Einwohner

Europas südlichste Insel mit dem Hauptort **Kastrí** ist 37 km² klein, maximal 345 m hoch und erstaunlich grün. Der phönizische Wacholder und die kalabresische Kiefer wachsen zahlreich auf terrassiertem Land – ein Beweis, dass hier früher deutlich mehr Einwohner lebten. Manche behaupten, dies sei der Ort, wo die Nymphe Kalypso Odysseus sieben Jahre lang an der Weiterfahrt hinderte. Sieben Jahre! Die Abgeschiedenheit und Einsamkeit halt keine Liebe aus. Unter der Metaxás-Diktatur wurden Kommunisten nach Gávdos verbannt. Ende der 1970er-Jahre schien die Insel dem Tod geweiht, doch heute ist sie ein beliebtes Hideaway für tierische und menschliche Zugvögel und alle, die auf Komfort verzichten können. Das Leben hat sich aus den winzigen, sehr ärmlichen Binnendörfern an die Strände verlagert, wo Tavernen, Lebensmittelläden, ein

Rollerverleih und kleine Pensionen entstanden sind. Die meisten Langzeitgäste allerdings zelten wild. Zeit braucht man, denn die Nordwinde und der Schirokko bestimmen den Fahrplan der kleinen Fähren von Paleóchora und Chóra Sfakíon. www.anendyk.gr

3 MERIAN EMPFEHLUNG

LAGUNE VON ELAFÓNISSOS B4

Kretas »Südseeinsel« steht unter Naturschutz. Das tut den Strandhyazinthen gut und verärgert einige Barbetreiber. Das Wasser schimmert in allen Blau- und Grüntönen, weiße und von den Muscheln rot gefärbte Strände sind eine große Attraktion in der seichten Lagune zwischen Festland und Insel.

Am 22. Februar 1907 fuhr der österreichische Passierdampfer »**Imperatrix**« auf dem Weg von Triest nach Bombay an der Westseite von Elafoníssi auf Unterwasserfelsen und Riffs und sank. Das **Wrack** ist heute nur noch eine Hülle, wird jedoch regelmäßig von (professionellen) Tauchern aufgesucht.

Übernachten

Oase der Ruhe
GLYKERÍA
Ein dezent modern eingerichtetes kleines Apartmenthaus mit Swimmingpool, gut für ein paar Urlaubstage weitab aller großen Ortschaften und Hotels. Von hier aus bieten sich gute Wandermöglichkeiten in der Region.
Tel. 28 22 06 12 92 | www.glykeria. com | 9 Zimmer | €€

KLOSTER CHRISSO-SKALÍTISSAS B3

Wähnt man sich nach langer Fahrt schon fast am Ende der Welt, taucht plötzlich, auf einem niedrigen Felsen nahe am Meer gelegen, ein blendend weiß gekalktes Kloster mit blauer Kuppel auf: Chrissoskalítissa, das »Kloster mit der goldenen Treppe«. Die goldene Stufe erkennt allerdings nur derjenige,

Massentourismus Fehlanzeige. Am Strand von Falássarna stehen noch nicht Liegestuhl an Liegestuhl, Sonnenschirm an Sonnenschirm.

der ganz ohne Sünde ist, heißt es. Der Bau birgt jetzt ein **volkskundliches Museum**: eine im alten Stil eingerichtete Klosterzelle, eine kleine Ikonensammlung und einen geheimen Klassenraum aus der Zeit der türkischen Besatzung. Offiziell war religiöser und griechischer Unterricht verboten und wurde nur vereinzelt von Mönchen an isolierten Orten erteilt.

Tgl. 7–19 Uhr | Eintritt 2 €

FALÁSSARNA B2

130 Einwohner

Die Landschaft um dieses Dorf an der Westküste ist von Gewächshäusern geprägt. Interessanterweise sind sie nicht durch die Geschäftstüchtigkeit von Bauern entstanden, sondern auf Drängen eines fortschrittlichen Bischofs, der sich auch um das irdische Wohl seiner Gläubigen kümmerte: des geschätzten **Bischofs Irenäos**, der wegen seines sozialen Engagements während der griechischen Militärdiktatur (1967–74) abgesetzt wurde, danach aber wieder amtierte. Im äußersten Norden der Bucht liegen die Überreste einer antiken Stadt. In der Nähe des Sandstrands vermieten einige Tavernen Privatzimmer.

Behutsam wurden die alten Steinhäuser restauriert und für Touristen hergerichtet. Heute kann man im Milia Mountain Retreat Öko-Urlaub machen.

GRAMVOÚSSA-HALBINSEL B2

Auf der westlichsten Halbinsel Kretas gibt es weder Dörfer noch Asphaltstraßen – dafür einen der schönsten Strände der Insel an einer halbkreisförmigen Bucht: die **Lagune von Bálos** mit ihrem in unendlichen Blau- und Türkistönen schimmernden Wasser. Dem in der Saison leider überfüllten Strand vorgelagert ist die heute unbewohnte **Insel Iméri Gramvoússa**, die eine venezianische Festungsanlage aus dem 16. Jh. trägt. Am Strand von Bálos gibt es eine einfache Sommer-Taverne. Mit dem Auto fährt man die holprige Schotterpiste Richtung Bálos, muss dann aber den Wagen stehen lassen und noch ca. 30 Minuten bergab wandern. Schiffsausflüge starten in der Saison täglich am Vormittag ab Kíssamos-Kastélli. Sie bieten Zeit zur Besteigung der Festung und zu einem Bad am Bálos Beach. Exklusiver: die Bootstour mit kleineren Jachten ab Falássarna.

Cretan Daily Cruises | Tel. 28 22 08 33 11 | www.gramvousa.com
Falasarna Private Cruises | Tel. 69 86 78 66 45 | https://falasarna-cruises.gr

Übernachten

Perfekter Standort
BALOS BEACH
An der Ostseite der Halbinsel, nicht weit von Kíssamos entfernt, liegt diese gepflegte Anlage direkt am Strand. Von hier aus lässt sich die Westküste erkunden.

Kalivianí Kissámou | Tel. 28 22 02 41 06 | www.balosbeach.gr | 53 Zimmer bzw. Apartments | €€€

Back to Nature
MILIA MOUNTAIN RETREAT
Anfang der 1980er-Jahre war die Gegend rund um Vlátos im Landesinneren entvölkert, und die alten Steinhäuser aus dem 15. Jh. verfielen zusehends. Mithilfe von EU-Projektmitteln, ganz viel Herzblut und zupackendem Elan gestalteten einige Familien hier ein Öko-Dorf, das sich ganz und gar dem nachhaltigen Tourismus verschrieben hat. Jedes der mit viel Liebe zum Detail gestalteten Steinhäuser ist individuell eingerichtet. Kochkurse, Wanderungen und kulturelle Events wie etwa Kunstausstellungen machen den Aufenthalt hier unvergesslich.

Vlátos | Tel. 28 21 04 67 74 | www.milia.gr | 15 Zimmer/ Häuser | €€€

KÍSSAMOS-KASTÉLLI B2

4200 Einwohner

Kretas westlichste Stadt ist ein verschlafenes Provinznest. Von wirtschaftlicher Bedeutung sind die Olivenhaine, Weingärten und Kastanienwälder der Umgebung, deren Früchte von Kíssamos-Kastélli aus nach Piräus verschifft werden. Autofähren verbinden die Stadt mehrmals wöchentlich mit den Inseln Antikíthira und Kíthira sowie mit Neápolis und Gíthio auf dem Peloponnes. Der Handelshafen liegt allerdings 4 km außerhalb der Stadt – und selbst der nette Fischerhafen ist vom Zentrum 2 km entfernt. Die touristische Entdeckung lässt noch auf sich warten – das macht einen Urlaub hier so angenehm. Von Reiseveranstaltern wird das Gebiet rund um die Stadt kaum angeboten; überwiegend Campingurlauber und junge Rucksackreisende verschlägt es bislang hierher. Die modern gestaltete

Uferpromenade mit ihren Cafés und Tavernen ist autofrei; im Ortskern findet man eine Reihe traditioneller Kaffeehäuser und Ouzerien. Optisch reizvoll ist das Hinterland mit seinen grünen Hügeln. Die beiden Halbinseln, die die Bucht von Kíssamos-Kastélli begrenzen, sind bisher noch nicht durch Straßen erschlossen und damit ein ideales Wandergebiet.

Sehenswertes

ARCHÄOLOGISCHES MUSEUM

Das moderne, gut dokumentierte Museum zeigt neben Funden aus der Region vor allem die Pracht römischer Villen mit Keramik und Skulpturen. Glanzstück der Sammlung sind zwei Bodenmosaike mit Motiven aus Mythologie und Alltag.

Plateía Stratigoú Tzanatáki | Di–So 8.30–15 Uhr | Eintritt 2 €, erm. 1 €

Essen und Trinken

Boote vor Augen
THE CELLAR

Die ausgezeichnete, in Farben Blau und Weiß gehaltene Taverne liegt direkt auf der Uferpromenade mit Blick auf die Fischerboote. Bei den Apartment-Urlaubern ist sie auch als Frühstückslokal ausgesprochen beliebt.

Meerespromenade | Tel. 28 22 02 37 00 | tgl. ab 8 Uhr | €

KLOSTER GONIÁS C2

Das im 9. Jh. gegründete festungsartige Moní Goniás erhielt 1634 seine heutige Form. Es beherbergt einige **außergewöhnliche Ikonen**. Der Umbettungsdienst des Volksbundes Deutscher Kriegsgräberfürsorge hat 1960 viele deutsche Gefallene aus verstreuten Feldgräbern und provisorischen Gräberanlagen geborgen und ins Kloster überführt. Mehrere Jahre verblieben die Sarkophage mit den deutschen Toten an diesem geweihten Ort, bis dann die Einbettung auf dem Soldatenfriedhof von Máleme erfolgte.

Nördlich von Kolimbári | Mo–Fr 8–12.30 und 16–20, Sa 16–20, So 7–12 und 16–20 Uhr | Eintritt frei

Schon die Lage des Klosters Goniás oberhalb der Bucht von Kolimbári besticht. Während des Zweiten Weltkriegs fanden hier viele Widerstandskämpfer Zuflucht.

MÁLEME C2

700 Einwohner

Máleme war wegen seines strategisch günstig gelegenen Flugplatzes eines der Hauptangriffsziele der Deutschen bei der Invasion im Jahr 1941. Das »**Unternehmen Merkur**« gilt als erste große Luftlandeoperation der Militärgeschichte. General **Kurt Student** befehligte 15 000 Fallschirmjäger, die auf 32 000 alliierte Streitkräfte und etwa 10 000 griechische Soldaten und Zivilisten an der Nordküste Kretas trafen. Die Verluste waren auf beiden Seiten gewaltig.

Sehenswertes

DEUTSCHER SOLDATENFRIEDHOF

Der Volksbund Deutsche Kriegsgräberfürsorge pflegt den Friedhof (1 km vor Máleme), auf dem 4468 deutsche Soldaten ihre letzte Ruhestätte gefunden haben. In den Boden eingelassene Granitplatten mit den Namen und Lebensdaten von jeweils zwei gefallenen Soldaten kennzeichnen die mit Mittagsblumen hübsch bepflanzten Gräber.

PRÄFEKTUR RÉTHIMNO

Präfektur Chaniá

Präfektur Iráklio

Präfektur Réthimno

Lassíthi, Ágios Nikólaos und der Osten

Die Hauptstadt des gleichnamigen Bezirks besticht durch ihre malerische Altstadt. Sie ist aufgrund der relativ geringen Entfernung zur Südküste mit ihren exzellenten Stränden auch ein idealer Standort, um im Hinterland das ländlich geprägte Inselleben kennenzulernen.

Aufgrund der zentralen Lage zwischen Iráklio und Chaniá und dem nur 45 Autominuten entfernten Libyschen Meer ist Réthimno ein idealer Standort für Rundreisen mit dem Mietwagen oder dem gut ausgebauten öffentlichen Verkehrsnetz: Den ganzen Tag bestehen Busverbindungen zwischen den drei Küstenorten und regelmäßige Verbindungen nach Plakiás. Zwischen Süd- und Nordküste erhebt sich das **Psilorítis- und Kédros-Gebirge,** das mit vielen ursprünglichen Dörfern und Tälern ein Erlebnis weit abseits des Massentourismus ermöglicht. In Olivenhaine eingebettete byzantinische Kirchen und Kapellen, Dorfplätze, venezianische Torbogen und Klöster sind attraktive Ziele für Tagestouristen. Der Ferienort **Plakiás** im Süden wiederum ist ein ausgezeichneter Ausgangspunkt, um die vielen, auch wilden Strände der Südküste zu entdecken oder (in der Nebensaison) in der Bergregion zu wandern.

 MERIAN TOP 10

RÉTHIMNO F3

Karte → S. 141

27 000 Einwohner

Réthimno (auch Réthymnon) bezaubert mit engen, blumenumrankten Gassen, stimmungsvollen Plätzen, Stadtvillen aus der venezianischen Ära und liebevoll restaurierten Holzerkern aus der osmanischen Besatzungszeit. Überragt wird die schönste

Die pastellfarbenen Häuser am Hafen von Réthimno, von wo im Sommer auch Ausflugsboote starten, sind nur eines von vielen Fotomotiven der Stadt.

Altstadt Kretas von der **Fortezza,** der von den Venezianern am äußersten Vorsprung zum Meer erbauten mächtigen Festung, von Kirchtürmen und Minaretten. Seit Jahrhunderten gilt Réthimno als das **geistige Zentrum der Insel** und hat zahlreiche Schriftsteller hervorgebracht, darunter Pantelís Prevelákis (»Die Chronik einer Stadt«). Réthimno ist Sitz der geisteswissenschaftlichen Fakultät der Universität Kreta. Wer Stadt- und Badeurlaub miteinander kombinieren möchte, ist hier richtig.

Ganz früh, bevor die Geschäfte öffnen, ist ein Bummel durch die erwachende Stadt besonders angenehm. An der **Porta Guora** startet man mit frischen *loukoumádes* in den Tag, spaziert Richtung Fortezza und verlässt die Stadt vor der Hitze Richtung Strand. Im Hochsommer konzentriert sich das Leben auf den kilometerlangen, kinderfreundlichen **Sandstrand** östlich des Hafens. An ihm liegen die meisten Hotels. Auch westlich von Réthimno locken kilometerlange, zum größten Teil unbebaute Strände. Im Winter gehört die Stadt mit ihren vielen Kneipen und Tavernen wieder den Studenten, was sie zu einer attraktiven Ganzjahresdestination macht.

Sehenswertes

❶ STADTPARK

Dieser größte der kretischen Stadtparks war einst der muslimi-sche Friedhof, der nach dem Bevölkerungsaustausch in eine Grünanlage verwandelt wurde. Der große Schriftsteller der Stadt Pantelís Prevelákis schilderte die Verwandlung so: »Nach ein, zwei Jahren war der Friedhof ein Garten geworden, jede Wurzel hatte einen Schädel gefunden, aus dem sie Nahrung sog … Die Schranken des Paradieses waren plötzlich eingeris-sen, und seine Wohlgerüche und Gesänge strömten heraus.«

◉ IM VORBEIGEHEN ENTDECKT

❷ KIRCHE DER VIER MÄRTYRER

An einer der Hauptverkehrsstraßen Réthimnos steht die Kir-che der vier Märtyrer (Tessáron Martíron). Vier Märtyrer? Das orthodoxe Heiligenlexikon verzeichnet neben den bekannten frühchristlichen Heiligen auch sogenannte Neumärtyrer aus der Zeit der Osmanen, meist einfache Leute aus dem Volk, die ihren orthodoxen Glauben auch unter Restriktionen offen wei-terlebten. Die Verwandten Angélis, Manouíl, Nikólaos und Giórgos aus dem Dorf Mélambes hatten am griechischen Be-freiungskampf teilgenommen. Offiziell waren sie auf Kreta als Muslime mit muslimischen Namen registriert, in Wirklichkeit lebten sie ihren orthodoxen Glauben weiter und bekundeten dies lautstark: »Als Giórgos bin ich geboren, als Giórgos werde ich sterben!« Dieser vier Mal wiederholte Ausruf kostete sie das Leben. Am 28. Oktober 1824 wurden sie öffentlich am Großen Tor in Réthimno hingerichtet – ein grausames Ab-schreckmanöver. Ein paar Schritte vor der Kirche steht die Bronzestatue von Kóstas Giamboudákis. Stolz, schwer bewaff-net, in kretischer Tracht, steht er auf dem Sockel. Aus seiner Pistole stammte jener Schuss, der im Jahr 1866 das Pulverma-gazin im Kloster Arkádi (→ S. 150) in die Luft sprengte. Ein Schuss, der Geschichte schrieb.

Plateía Tessáron Martýron

Réthimno

Kretisches Meer

Fortezza

Museum für zeitgenössische Kunst

Venez. Loggia   Rimondi-Br.

Venez. Hafen   *Hafen*

O dos Melissinoú   Polizei

Pl. Iroon   Politechníou

Folklore-Mus.

Tzamí Nerace

O. Petáchi

Archäol. Bezirksmus. & Ag. Franziskos

Strand-hotels

Polizei

Porta Guóra (Megáli Pórta)

Stadt-park

Dkm. des Kóstas Giamboudákis

Tessáron Martíron

Pl. Karaóli   Platía Iroon

Gerakari   Kará Moússa Paschá

Svátser

Rathaus

Ag. Nikoláou

Krankenhaus

Zimvrakáki

Paläontologisches Museum

Veli Paschá

Ag. Panteleímonos Episcopal

© MERIAN-Kartographie

300 m

SEHENSWERTES

1 Stadtpark
2 Kirche der vier Märtyrer ●
3 Archäologisches Bezirksmuseum – San Francesco
4 Tzamí Nerace
5 Fortezza
6 Museum für zeitgenössische Kunst
7 Rimondi-Brunnen
8 Venezianischer Hafen
9 Venezianische Loggia

10 Paläontologisches Museum

ÜBERNACHTEN

1 Avlí Lounge Hotel
2 Cosmos Hotel
3 Anassa Estate Cultural Heritage

ESSEN UND TRINKEN

4 Avlí
5 Ta dyo Rou
6 Sympligádes
7 Café Mona Lisa
8 Rewine

EINKAUFEN

9 Bäckerei Konstantínos Sparmoudákis
10 Muses
11 Dérma
12 Katerína

ABENDGESTALTUNG

13 Astería

Öffentliche Brunnen wie der hübsche Rimondi-Brunnen stellten früher die Wasserversorgung der Stadtbevölkerung sicher.

③ ARCHÄOLOGISCHES BEZIRKSMUSEUM

Bis der geplante Neubau des Museums fertiggestellt ist, haben die wichtigsten Ausstellungsobjekte eine vorübergehende Bleibe in der **Kirche San Francesco** des ehemaligen Franziskanerkonvents gefunden. Das venezianische Kloster genoss hohes Ansehen, obwohl nur wenige Mönche es bewohnten, und wurde zur bevorzugten Grablege adliger und reicher Bewohner. Mit der osmanischen Eroberung wurde es in eine Moschee eingegliedert. Unter den vorbildlich erklärten Objekten ragen die Tonsarkophage des minoischen Friedhofs in Arméni aus der Nachpalastzeit heraus. Faszinierend sind darauf die Darstellungen von Tieren, Jagden und der Viehzucht.

Ethnikís Antistasséos | Mi–Mo 10–18 Uhr, im Winter reduzierte Öffnungszeiten | Eintritt 2 €, erm. 1 €

④ TZAMÍ NERACE

Ab 1654 ließ Hüseyin Pascha die venezianische Kirche Santa Maria des Augustinerklosters in die Nerace-Moschee umwandeln, die 1890 das mit 34,5 m höchste und dekorativste Minarett der Stadt erhielt. Es ist vor Kurzem restauriert worden.

Nachdem die türkischen Kreter die Insel verlassen hatten, wurde der Bau dem Heiligen Nikolaus geweiht und dient seither als Musikschule. Klangvoll: ein Konzert im Kuppelsaal!

Vernárdou 1 | Innenbesichtigung nur sporadisch möglich

⑤ FORTEZZA

Die Altstadt und das Hafenbecken werden von einer eindrucksvollen Burganlage überragt, die die Venezianer unter finanzieller Zwangsbeteiligung der Einheimischen Ende des 16. Jh. errichteten. Sie stammt aus einer Zeit, in der die Angst vor dem neu erfundenen Schießpulver umging. Statt mittelalterlicher Türme errichtete man nun wuchtige Bastionen, auf denen schwere Geschütze verankert wurden. Innerhalb der Burgmauern erinnern nur noch Zisternen, eine Moschee und Kapellen an die einstige Nutzung. Noch vor 120 Jahren war das gesamte Areal mit einfachen Häusern bebaut. Hier lebte die ärmere Bevölkerungsschicht, die später, als alles Nicht-Historische abgerissen wurde, zwangsumgesiedelt wurde.

Chimarás | Mai–Okt. tgl. 8–19.30, Nov.–April 10–17 Uhr | Eintritt 4 €, erm. 3 €

⑥ MUSEUM FÜR ZEITGENÖSSISCHE KUNST

Die städtische Gemäldegalerie (Museum of Contemporary Art of Crete), in einer ehemaligen Seifenfabrik untergebracht, besitzt viele Hundert Werke zeitgenössischer griechischer Künstler aus der zweiten Hälfte des letzten Jahrhunderts. Stets gezeigt werden Arbeiten des rethimniotischen Malers Leftéris Kanakákis (1934–85), hinzu kommen Wechselausstellungen zeitgenössischer heimischer Künstler.

Chimarás 5 | www.cca.gr | Mai–Okt. Di–Fr 9–14 und 19–21, Sa und So 10–15, Nov.–April Di–Fr 9–14, Mi und Fr auch 18–21, Sa und So 10–15 Uhr | Eintritt 3 €, erm. 1,50 €, Do frei

⑦ RIMONDI-BRUNNEN

Der Renaissance-Brunnen im Zentrum der Altstadt wurde in den 1620er-Jahren vom venezianischen Statthalter Alvise Rimondi renoviert. Zur damaligen Zeit versorgte das mit Löwenköpfen und vier korinthischen, kannelierten Säulen verzierte Bauwerk die Stadt mit Trinkwasser – vergleichbar dem Morosini-Brunnen in Iráklio. Man erkennt noch, dass der Brunnen in türkischer Zeit mit einer Kuppel überdacht war.

Plateía Títou Peticháki

8 VENEZIANISCHER HAFEN

Das Juwel der Altstadt liegt etwas versteckt. Von der langen Mole mit dem charakteristischen Leuchtturm hat man den schönsten Blick auf das Treiben und die bunten Häuser: auf Restaurants, Cafés und mehrere Bars.

Neárchou

9 VENEZIANISCHE LOGGIA

Wie in Iráklio diente die Loggia als Clubhaus der venezianischen Adelsschicht. Das quadratische Gebäude wurde vermutlich von Michele Sanmicheli, einem der bedeutendsten Festungsbaumeister der Spätrenaissance, errichtet und an den Schauseiten mit drei Arkaden versehen. Sie sind heute durch Glasfenster verschlossen. Lange Zeit war hier das Archäologische Museum untergebracht. Heute kann man hier zertifizierte Kopien von antiken Funden erwerben.

Konstantínou Paleológou/Ecke Arkadíou

10 PALÄONTOLOGISCHES MUSEUM

Die ehemalige Veli-Pascha-Moschee war Teil eines Tekke, eines türkischen Klosters, von dem noch Zellen an der Westseite zeugen. Im Inneren beweist die paläontologische Sammlung die Existenz von Zwergflusspferden und Elefanten, die vor Millionen von Jahren ihre Spuren auf Kreta hinterließen.

Markélou/Ecke Androulidáki | im Sommer Mo–Sa 9–15, im Winter Di, Do, Sa 9–15 Uhr | Eintritt 3 €, erm. 2 €

Ganze 9 m ragt der Leuchtturm von Réthimno in die Höhe und ist damit nach dem Leuchtturm von Chaniá der zweithöchste der Insel. In Betrieb ist das Leuchtfeuer schon lange nicht mehr.

Réthimno bietet etliche stimmungsvolle kleine Tavernen, in zauberhaften Innenhöfen, vor bröckelnden Mauern und bisweilen von Bougainvilleen überrankt.

Übernachten

① *Kleine Altstadtperle*
AVLÍ LOUNGE HOTEL

Naturfarben, -textilien, Holz und Naturstein dominieren in dem schicken Altstadthotel in venezianischem Gemäuer. Gute Entspannung nach dem Sightseeing bietet ein Whirlpool auf der Dachterrasse.

Radamánthios/Ecke Xanthoudídou | Tel. 28 31 05 82 50 | www.avli.gr | 12 Zimmer und Suiten | €€€

② *Für Selbstversorger*
COSMOS HOTEL

Modernes Hotel mit Küchenzeile in der zweiten Reihe am Strand, bis zur Altstadt von Réthimno läuft man von hier aus rund 15 Minuten.

Albert Schweitzer 2 | Tel. 28 31 05 22 44 | 18 Zimmer für bis zu 3 Pers. | €€

③ *Mittendrin*
ANASSA ESTATE CULTURAL HERITAGE

Eine unscheinbare Treppe führt in einen venezianischen Stadtpalast, der zu den ältesten Häusern Réthimnos zählt. Sorgfältig restauriert und mit viel Liebe zum Detail gestaltet. Kein Frühstück, aber es gibt jede Menge Cafés in der näheren Umgebung.

Hatzigrigoráki/Ecke Arkadíou | Tel. 28 31 03 53 40 | www.anassa-crete.gr | 4 Zimmer | €

Essen und Trinken

④ *Stilvoll*
AVLÍ

Hier wird Wert aufs Detail gelegt, und das Auge isst mit. Kreative Rezeptideen, viele Bio-Produkte, kretische Küche – was sonst.

Xanthoudídou 22 | www.avli.gr | tgl. ab 12 Uhr | €€€

⑤ *Originell*
TA DYO ROU

Die Wände sind gespickt mit historischen Porträtbildern, die Tische klein, die Portionen groß. Zur Not wird der Rest auf einen Stuhl gestellt. Wirt Grigóris ist ein Original und weiß viele Geschichten zu erzählen.

Pánou Koronéou 28 | tgl. ab 19 Uhr | €

⑥ *Viele junge Leute*
SYMPLIGÁDES

Während die meisten Urlauber den Abend vor allem in den Tavernen am kleinen Fischerhafen verbringen, trifft sich die einheimische junge Szene in einer Altstadtgasse, wo sich eine Raki-Kneipe an die andere reiht. In diesen rakádika, in denen natürlich Getränke aller Art ausge-schenkt werden, speist man typisch kretisch: Wer zusammen am Tisch sitzt, bestellt gemeinsam viele leckere, typisch kretische Kleinigkeiten und verzehrt sie über den ganzen Abend hinweg. Überall spielt überwiegend moderne griechische und später dann auch traditionelle kretische Musik.

Vernárdou 25 | Tel. 69 42 06 16 63 | tgl. ab 11 Uhr | €€

⑦ *Das beste Eis seit 1950*
CAFÉ MONA LISA

Es gibt zwar bei Weitem nicht so viele Sorten wie in den neumodischen überquellenden Eisdielen, aber dafür stimmt hier die Qualität. Das Eis wird aus der Milch von eigenen Schafen produziert. Besonders lecker sind Joghurt mit Granatapfel, Kataífi, Mastícha und Pistazie.

K. Palaiológou 36 | tgl. 7–23 Uhr | €

⑧ *Lässig*
REWINE

Stylische Weinbar mit herausragender Auswahl und Beratung in der Altstadt.

Tsagrí 25–27 | Tel. 28 31 05 00 03 | www.rewine.gr | am Abend | €€

Einkaufen

⑨ *Brotkunststücke*
BÄCKEREI KONSTANTÍNOS SPARMOUDÁKIS

In dieser über 60 Jahre alten Bäckerei wird kein essbares Brot mehr gebacken. María und Sohn Kóstas haben sich ganz auf die Herstellung ihrer preisgekrönten, traditionellen kretischen Hochzeitsbrote aus Salzteig eingestellt. Die reich und hübsch verzierten Kunstwerke sieht man in vielen kretischen Häusern als Wanddekoration.

Nikiphórou Phoká 93 | tgl. 8–20 Uhr

⑩ *Antik inspiriert*
MUSES

Moderne Damenkleidung für den Tag und Abend von griechischen Designern, z. B. der Kykladen-Print des Labels The Artisans by Konstantina oder die Tuniken von Kori.

Arkadíou 145 | tgl. 9–23 Uhr

⑪ *Todschick*
DÉRMA

Die perfekten Sandalen für lange Sommertage und die passenden Taschen und Wallets. Alles ist aus echtem Leder und auf Kreta in Handarbeit gefertigt.

Ethnikís Antistáseos 44 | tgl. 9.30–21.30 Uhr

⑫ *Ein Schmuckstück*
KATERÍNA

Katerína verkauft originellen Silberschmuck, der einen Bezug zur Region hat. Außergewöhnlich: die Kreationen aus Original-Seeigelschalen.

Souliού 5 | tgl. bis abends

Abendgestaltung

Réthimno bietet viele Möglichkeiten zur Abendunterhaltung. Wenigstens einmal muss man bei Mondschein am alten venezianischen Hafen gesessen haben.

Theater und Musik
RENAISSANCE-FESTIVAL

Ein unvergessliches Erlebnis ist ein Konzert oder eine Aufführung im Rahmen des Renaissance-Festivals im Theater Erofíli auf der Fortezza. Inszeniert werden antike und moderne Stücke. Ein Augustabend ist der kretischen Musik gewidmet, Eintritt frei.

Juni–Sept., Programm und Kartenverkauf am Kiosk, Porta Guora

Der Glockenturm des Klosters Arkádi. Jedes Schulkind auf Kreta kennt die Tragödie, die sich in der Klosterkirche im Jahr 1866 ereignet hat.

⑬ *Für Sommernächte*
ASTERÍA
Alteingesessenes Open-Air-Kino unterhalb der Mauern der Fortezza. Getränke und Snacks sind bei Vorführungen vor Ort erhältlich, gezeigt werden in zwei Abendvorstellungen überwiegend aktuelle englischsprachige Filme. Ioánnou Melissínou 21 | je nach Wetter Juni–Sept.

MERIAN TOP 10

KLOSTER ARKÁDI G4

Das einsam in den Bergen gelegene Kloster ist **Kretas Nationalheiligtum**. Hierher hatten sich im November 1866 fast tausend Männer, Frauen und Kinder vor heranrückenden türkischen Truppen zurückgezogen. Als die bewaffneten Kämpfer erkannten, dass das Kloster nicht zu halten war, versammelten sie alle Frauen und Kinder im Pulvermagazin und sprengten sich in die Luft (→ S. 150). Die zweischiffige Klosterkirche (1587) besitzt eine schöne Renaissance-Fassade. Im Klostermuseum erinnert vieles an jenen schicksalshaften November.
www.arkadimonastery.gr | April, Mai, Sept., Okt. tgl. 9–19, Juni–Aug. bis 20, Nov.–März tgl. 9–16 Uhr | Eintritt 3,50 €

149

15 000 Angreifer gegen 1000 Kreter, darunter viele Frauen und Kinder! Ihr Schicksal war besiegelt. Die Explosion hat nur ein kleines Mädchen überlebt.

Die Explosion von Arkádi

Vierzig Jahre nach Überwindung des osmanischen Jochs auf dem Festland und der Peloponnes wird der **griechische Befreiungskampf** erbittert auf Kreta fortgeführt. Immer wieder lehnen sich kretische Freiheitskämpfer gegen ihre türkischen Unterdrücker auf, und der Ruf »Freiheit oder Tod« hallt weit über Kretas Berge. Doch noch geben sich die Türken nicht geschlagen. 600 verängstigte Frauen und Kinder und über 300 waffenschwingende *palikária*, todesmutige kretische Freiheitskämpfer, verschanzen sich auf der Flucht vor der berüchtigten Armee Mustafa Paschas, eines in Ägypten gedrillten kretischen Moslems, in dem viel zu engen Kloster von Arkádi (→ S. 149). Dem ersten Ansturm am 8. November 1866 halten die Klostermauern noch stand, doch als die türkische Armee schweres Kanonengeschütz aus Réthimno anschleppt, scheint das Schicksal von nahezu 1000 Kretern besiegelt. Freiheit oder

Tod? An diesem Wallfahrtsort der Orthodoxie soll sich der Schlachtruf bewahrheiten. Mit dem Eindringen der türkischen Sturmtruppen ins wehrhafte Kloster beginnt ein entsetzliches Gemetzel. Sprengmeister Konstantínos Giamboudákis erhält von Abt Gabriel die Erlaubnis, das Waffenarsenal zu sprengen. Lieber in der Feuerbrunst als in den Händen des Feindes sterben, so die Losung. Es ist ein **grausamer Heldentod** mit wenigen Überlebenden, die Kulmination des kretischen Aufstandes. Eine Gruppe koptischer Christen in Mustafa Paschas Armee, die sich weigert, Glaubensbrüder zu töten, wird nach der Explosion von den eigenen Kameraden hingerichtet. Eine verbrannte Zypresse im Hof der Klosteranlage ist ausdrucksstarke Erinnerung an das Massaker, auch im Refektorium sind noch Spuren des Kampfes zu erkennen. Bis heute werden Schulklassen aus Réthimno vor das makabre Beinhaus gegenüber dem Westtor geführt, und eifrige Pädagogen präsentieren ihren Zöglingen stolz die Schwerteinstiche in den Schädeln ihrer heldenhaften Vorfahren.

Die Explosion von Arkádi sollte noch einmal kurz die Flamme internationaler philhellenischer Solidarität auflodern lassen und Erinnerungen an die glorreichen Momente von Missolónghi wecken. Der französische Schriftsteller Victor Hugo rief in einem Brief aus dem Brüsseler Exil zur Solidarität mit den Kretern auf, Giuseppe Garibaldi wetterte gegen die Tyrannei der Fremdherrscher, und Charles Swinburne verfasste eine griechenbegeisterte Freiheitsode. Aber im Jahr 1866 ist die kretische Frage den europäischen Mächten eher lästig, die preußischen Kriege bestimmen die Tagesordnung, und die Beziehungen zum Kranken Mann am Bosporus sollen nicht getrübt werden. Daran können auch die Amerikaner nichts ändern, die eine kretische Unabhängigkeit befürworten (und dabei mit einem freien Hafen an Kretas Küste rechnen). Immerhin war die kretische Sache aufs internationale diplomatische Parkett gebracht. Vom Entsetzen und der Bewunderung über die Explosion und das Heldentum von Arkádi war es noch ein langer Weg bis zur Vereinigung der großen Insel mit dem griechischen Mutterland 1913.

ELÉFTHERNA G4

Die Überreste der im 8. Jh. v. Chr. von dorischen Einwande-
rern gegründeten Stadt Eléftherna liegen weit verstreut in hü-
geliger Landschaft und werden seit 1985 von Archäologen der
Universität Kreta untersucht. Freigelegt wurden bislang eine
Nekropole aus der geometrischen und archaischen Epoche,
hellenistische und römische Gebäude und Straßen, außerdem **Gebäudeteile aus frühchristlicher Zeit**. Das antike Eléftherna bestand vom 1. Jahrtausend v. Chr. bis in die byzantinische Zeit, aus der noch die Ruine eines Wehrturmes erhalten
ist. Zur Erkundung des weit verstreuten Areals (ausgeschildert) ist ein Fahrzeug unerlässlich.

Sehenswertes

AKROPOLIS UND ZISTERNEN (PYRGÍ)

Die Akropolis der antiken Siedlung lag auf einem von zwei
Schluchten gesäumten, schmalen Felsplateau. Vom heutigen
Ortszentrum aus folgt man dem Wegweiser mit der Aufschrift
»Acropolis Cisterns«. Der Fahrweg endet vor einer schlichten
Taverne, die in der Hitze zum Zwischenstopp einlädt. Hier beginnt ein Pfad, der an den Überresten eines spätantiken oder
frühmittelalterlichen Turms vorbei über das Plateau und dann
zu sechs großen Zisternen hinunterführt. Die beiden Felskam-
mern mit den Zisternen sind jeweils etwa 40 x 25 m groß und
bis zu 5 m hoch. Hält man sich an den Zisternen rechts, kommt
man nach gut fünf Minuten auf eine grüne Terrasse, wo unter
Olivenbäumen die Grundmauern eines nicht näher bestimm-
baren antiken Heiligtums liegen.

ANTIKES STADTZENTRUM

Unterhalb der Straße, die ins Töpferdorf Margarítes führt,
wurden die Überreste der »ancient town« entdeckt, von der
noch Relikte einer kleinen römischen Thermalbadeanlage, eines frühchristlichen Bischofspalastes und einer dreischiffigen
Basilika mit Narthex und Mosaiken mit Motiven aus der Pflan-
zenwelt aus dem 6. Jh. erhalten sind.

Wer die Zisternen der spätantiken Stadt Eléftherna besucht, sollte eine gute Taschenlampe mitnehmen, erst so erkennt man viele Details.

ORTHÍ PÉTRA

Unterhalb der Straße zum Kloster Arkádi liegen Ausgrabungen unter einem Schutzdach. Die Archäologen brachten hier einen Friedhof aus der geometrischen Epoche sowie Grundmauern römischer Häuser aus dem 2. Jh. ans Tageslicht. Herausragend: eine Dreiecks-Brücke aus hellenistischer Zeit, die nach dem Kräfteverteilungsprinzip errichtet wurde.

Die Ausgrabungsstätten liegen verstreut bei der Siedlung Eléftherna | unregelmäßig geöffnet | Infos und Plan im Archäologischen Museum

MERIAN EMPFEHLUNG   🚩4

ARCHÄOLOGISCHES MUSEUM ELÉFTHERNA

In dem hochmodernen Museum wird eine Auswahl der bisher über 15 000 im Gebiet der antiken Stadt Eléftherna gemachten Funde aus vier Jahrtausenden gezeigt: Keramik, Schmuck, Waffen und Skulpturen, darunter die »Schwester« der sogenannten Dame d'Auxerre aus dem Louvre. Berührend: der Kurzfilm unter www.youtube.com/watch?v=bt4wU8oSADw.

www.mae.com.gr | April–Okt. Di–So 10–18, Nov.–März Di–So 8–15 Uhr | Eintritt 4 €, erm. 2 €

Bei den Töpfern von Margarítes

Sie sind nicht zu übersehen: die riesigen Tongefäße, in denen ein ausgewachsener Mensch Platz findet. Seit der Antike dienen sie als **Vorratsgefäße für Öl, Wasser und Wein**. Die kretische Keramikproduktion geht zurück auf die Minoer und ist in allen archäologischen Museen Kretas zu bewundern.

Als Gebrauchskeramik werden die *pithária* noch immer hergestellt, z. B. im Töpferdorf Margarítes (→ S. 155). Rund **20 Töpfer** sind hier sesshaft, jeder hat seinen eigenen Brennofen, seinen eigenen Stil, seine eigenen Produkte. Die handgepäcktaugliche Dekorationsware an der Dorfstraße mag auf den ersten Blick überwiegen. Auf den zweiten Blick entdeckt man kreative Köpfe und ihre Fundgruben.

Der französische Töpfer **Daniel Didier**, ein Georges-Moustaki-Typ, ist Meister seines Fachs. In seinem urigen Atelier aus Naturstein mit traditionellem Bogen kreiert er originelle tönerne Musikinstrumente, wie Okarinas, Gefäßflöten, die Kinder und Erwachsene begeistern, Schlüsselanhänger und Schmuck. Die Tonskulptur eines Mobiltelefons sieht aus wie eine Mahnung zur Entschleunigung. Zeit und Neugierde sollte mitbringen, wer Monsieur Daniel besucht. Unzählige formschöne handliche Keramikkunstwerke gibt es zu entdecken.

Konstantínos Gálios, der erst mit 40 seine Leidenschaft für die Töpferei entdeckte, hat sich hingegen auf Großkeramik spezialisiert: Waschbecken im Landhausstil oder nach antiken Vorbildern geschwungene Vasen. Die Formgebung entwickelt er zusammen mit Tochter María, einer ausgebildeten Architektin. Die Glasierung ist Algengrün in allen Schattierungen, aber auch gesprenkeltes Weiß kommt zum Einsatz. In den riesigen *pithária* könnte man auch Raki aufbewahren, schmunzelt er. Ein Klassiker ist seine zeitlos elegante Geschirrserie mit Spirale, ein minoisches Muster. Manche Stücke sind so schön, dass sich Gálios nicht von ihnen trennen kann. Wer durch sein Atelier streift, versteht, warum.

MARGARÍTES G3

330 Einwohner

Margarítes ist eines der beiden großen Töpferdörfer der Insel (das andere ist Thrapsanó südöstlich von Iráklio). Bis in die 1950er-Jahre hinein wurden hier die mannshohen Vorratsgefäße gefertigt, die man heute noch in Vorgärten und Kellern sieht. Sie werden nur noch in zwei **Töpfereien** am Dorfrand hergestellt. Ansonsten haben sich viele neue, kleinere Töpfereien im Ort angesiedelt, die entweder künstlerische Keramik oder Souvenirs produzieren.

Übernachten

Auf dem Lande
DALABELOS ESTATE

Schicke, moderne Steinhäuser mit Pool, inmitten von Weinbergen, Oliven- und Zitrusplantagen. Eine der empfehlenswertesten Unterkünfte der Region mit Bio-Restaurant. Es werden auch Kochkurse, Musikabende und Exkursionen angeboten. In der Umgebung lassen sich herrliche Wanderungen oder Radtouren unternehmen.

Aggeli*aná* | Tel. 28 34 02 21 55 | www.dalabelos.gr | 10 Steinvillen, 2 Suiten | €€

Einkaufen

Im Töpferdorf Margarítes wird seit Jahrtausenden Gebrauchs- und Dekorationsware hergestellt. Die Töpfer verkaufen ihre Waren täglich in eigenen Werkstätten.

ANÓGIA H4

2450 Einwohner

Anógia ist eines der ursprünglichsten Bergdörfer Kretas, berühmt für seine Musiker und für die rebellisch-freiheitsliebenden Dorfbewohner, die noch immer in traditioneller Kleidung mit schwarzer Pumphose und dem *saríki*, dem kretischen Fransentuch, und hohen Lederstiefeln die Kafeneía bevölkern. Es liegt 740 m hoch am **Nordhang des Ída-Gebirges**. Der hübschere Teil des Orts mit alten Gassen und Häusern ist der untere; das obere Dorf wurde nach dem Zweiten Weltkrieg fast voll-

Die Freiheitskämpfe gegen die Osmanen und die deutsche Besatzungszeit –
Themen, die den Bildhauer und Maler Alkiviádes Skoúlas zeitlebens beschäftigten.

ständig neu erbaut. Deutsche Truppen hatten es am 15. August
1944 gänzlich abgebrannt und alle männlichen Bewohner erschossen, weil Partisanen den deutschen **General Kreipe** zum
britischen Feind nach Ägypten entführt hatten (→ S. 164). Eine
Gedenktafel am modernen Rathaus erinnert an dieses dunkle
Kapitel deutscher Geschichte. In Anógia leben viele Menschen
von der Schaf- und Ziegenzucht. Der Käse und das Fleisch sind
auf der ganzen Insel berühmt. Wer mit dem Auto unterwegs ist,
kann von Anógia aus einen Ausflug auf die Nída-Hochebene
unternehmen, wo die meisten der über 100 000 Ziegen und
Schafe der Dorfbewohner im Sommer weiden.

Sehenswertes

SKOULÁS-MUSEUM

Das kleine Museum zeigt naive Gemälde und Skulpturen des
aus Anógia stammenden Künstlers und Autodidakten Alkiviádis Skoulás (1902–97), der sich thematisch u. a. mit den kretischen Freiheitskämpfen und der deutschen Besatzungszeit im
Zweiten Weltkrieg auseinandersetzte.

Nahe der unteren Plateía | Tel. 28 34 03 15 93 | Eintritt frei, gegen Spende

XYLOÚRIS-MUSEUM

Níkos Xyloúris (1937–80) war einer der bedeutendsten Musiker Kretas. In seinem Geburtshaus erinnert eine Ausstellung an Leben und Schaffen des Komponisten und Sängers. Unvergessen ist sein Auftritt vor Studierenden des Polytechnikums am 17. November 1974, als die Panzer der Junta das Gebäude umzingelt hatten und Xyloúris das alte kretische Rebellenlied »Póte tha kánei xasteriá« (»Wann wird es wieder klaren Himmel geben«) anstimmt. Seine Brüder Antónis (»Psarantónis«) und Giánnis sind ebenfalls bekannte Musiker.

An der unteren Plateía | Öffnungszeiten variieren

Übernachten

Gastfreundlich
DELÍNA MOUNTAIN RESORT

Frühmorgens mit einem ausgiebigen Frühstück in den Tag starten, mit einem von dem fürsorglichen Hotel organisierten Lunch-Paket auf den Psilorítis steigen und nach der Wanderung am Pool oder in der Sauna relaxen. So könnte hier ein unvergesslicher Aufenthalt aussehen!

1 km von Anógia Richtung Nída-Hochebene | Tel. 28 34 03 17 01 | www.delina.gr | 13 Zimmer | €€

NÍDA-HOCHEBENE   H4

Die Hochebene in 1370 m Höhe am Fuße des höchsten Berges von Kreta, des **Psilorítis** (2456 m), ist ein Paradies für Liebhaber einsamer Hochgebirgstäler und Bergwanderer. Ausgangspunkt ist der Touristenpavillon. In etwa 30 Minuten gelangt man zur Ída-Höhle (1540 m), in der der Legende nach der Göttervater **Zeus** aufwuchs. Für den Weg auf den Psilorítis benötigt man gut vier Stunden (beide Wege sind mit roten Punkten markiert). Das von der Berliner Bildhauerin Karola Raeck gemeinsam mit Hirten und Bewohnern von Anógia 1991 aus über 5000 Natursteinen errichtete **Denkmal** »Andartis, der Partisan des Friedens«, ist mittlerweile zum größten Teil überwuchert. Im Zweiten Weltkrieg hatten die Hirten solche Steine verstreut, um eine Landung der Wehrmacht zu verhindern.

5 MERIAN EMPFEHLUNG

AMÁRI-TAL G/H4

Ca. 5900 Einwohner

Das fruchtbare Hochtal mit seinen malerisch gelegenen, vom Tourismus weitgehend unberührten Dörfern westlich des Psilorítis ist ein lohnendes Ziel für einen Tagesausflug mit dem Mietwagen. Die Gegend ist seit der minoischen Epoche besiedelt und birgt, oft versteckt, kleine byzantinische Kapellen.

Sehenswertes

VIZÁRI

Ein Schild an der Plateía in diesem stillen Bergdorf weist den Weg zu den Überresten einer frühchristlichen, bereits von den Arabern 824 zerstörten Basilika (7. Jh.). Von Gestrüpp umgeben liegen die Ruinen der Kirche samt 4 m hoher Apsismauer.

Ständig frei zugänglich

MONASTIRÁKI

Hier wurde eine **minoische, palastartige Siedlung** mit zweistöckigen Gebäuden entdeckt, die etwa um 2000 v. Chr. erbaut und 300 Jahre später durch Erdbeben oder Feuer zerstört wurde. Die Anlage umfasst Vorratskammern mit Pithoi und Kulträume. In einem Archiv wurden unzählige Tonsiegel entdeckt. Mit den Ausgrabungen begann das Deutsche Archäologische Institut (DAI) während der Besatzungszeit.

Ausgeschildert | Öffnungszeiten variieren, meist 8–15 Uhr, im Sommer auch länger | Eintritt 2 €, erm. 1 €

AMÁRI

Das schmucke Dorf besitzt viel venezianische Bausubstanz. Vom Glockenturm schweift der Blick über das Tal und auf den Psilorítis. Etwas unterhalb des Dorfes befindet sich die malerische Kirche Agía Ánna. Eine Gründungsinschrift verweist sie auf das Jahr 1225 – es handelt sich um die älteste Inschrift einer datierten Kirche auf Kreta.

Ein kleines Museum soll irgendwann vielleicht in der halb verfallenen Klosteranlage von Assomáton im Herzen des Amári-Tals entstehen.

KLOSTER ASSOMÁTON

Eine Palmenallee führt zur verfallenen, romantischen Anlage, die jetzt Teil einer Landwirtschaftsschule ist. In der **Klosterkirche** sind fünf rührend naive Ikonen zu sehen, die die Geschichte Adams und Evas von der Schöpfung bis zu ihrer Vertreibung aus dem Paradies erzählen. Etwas weiter an der Straße Richtung Thrónos steht linker Hand die **Kirche Agía Paraskeví** (Assómati) mit Kuppel und Fresken aus dem 13. Jh.

Klosterkirche nur zu Gottesdiensten geöffnet, meist Sa 18–19 und So 7–11 Uhr | Kirche Agía Paraskeví frei zugänglich

THRÓNOS

In dem winzigen Dorf am Hang des Psilorítis steht im Zentrum über den Grundmauern einer frühchristlichen Basilika die einzellige, mit Fresken ausgemalte **Marienkirche aus dem 14. Jh.** Über dem Torbogen prunkt das Wappen der Stifterfamilie Kallérgis. Neben der Kirche haben sich Mosaiken aus dem römischen Sybrita erhalten. Ein Fußweg führt hinauf zur griechisch-italienischen **Grabung des alten Sybrita**.

Den Schlüssel zur Kirche verwahrt die Nachbarin gegenüber | die archäologische Ausgrabungsstätte ist nur vom Zaun einsehbar

Von Abwanderung schwer gezeichnet – und doch einmal im Jahr Schauplatz eines ganz besonderen Treffens: das kleine Dörfchen Amári.

DIE WELT ZU GAST IM BERGDORF AMÁRI

Wenn die Nachfahren der Auswanderer heimkehren

Amári (→ S. 158) ist ein schmuckes Bergdorf im Herzen Kretas am Fuß des Psilorítis im Kreis Réthimno. Von Oktober bis Juli ist hier nicht viel los. Weniger als **40 Menschen** leben dauerhaft in Amári, vorwiegend sind es Albaner. Ihre Kinder werden mit dem Schulbus zum 10 km entfernten Agía Fotiní gebracht, dorthin, wo sich auch der nächste Supermarkt befindet, eine Tankstelle und ein Geldautomat. Feucht wird es im Winter und ungemütlich. Ohne die Hilfe der Albaner wären die monatelang leer stehenden Häuser nicht so gut in Schuss. Es ist auffällig, wie viele Altbauten im Dorf verteilt sind und liebevoll renoviert wurden, indem man die venezianischen Bogen und den unverputzten Naturstein herausarbeitete.

Vor dem Zweiten Weltkrieg war Amári Hauptstadt der gleichnamigen Region mit einer richtigen Poststation, einem Arzt, einer Grundschule mit zwei Lehrern und 80 Kindern und sogar einem Amtsgericht. Geblieben sind nur noch der Name für das Tal und ein kleines Polizeirevier, in dem der Fernseher Tag und Nacht läuft und die Beamten Katzen füttern. Selbst der Priester wird für den Gottesdienst am Sonntag aus dem Nachbardorf geholt.

Im Sommer aber wandelt sich Amári zu einem der kosmopolitischsten Orte der Insel. Zum **Fest des Heiligen Titus** Ende August kehren die Amariótes und ihre Kinder vom Festland und aus aller Herren Länder zurück ins Dorf ihrer Vorfahren. Das Dorffest dauert drei Tage. Ein Sprachengewirr ist dann zu hören in der einzigen Wirtschaft, die nur im August öffnet. Vorwiegend Griechisch und kretischen Dialekt, aber auch viele europäische Sprachen – Englisch, sehr wenig Deutsch, ein bisschen Französisch und erstaunlich viel Portugiesisch – schnappt der aufmerksame Zuhörer auf. Es sind keine Touristen, sondern die **Kindeskinder früherer Auswanderer,** die als Kapitäne auf den Weltmeeren steuerten, am Bau des Suez-Kanals in Port Said beteiligt waren und von dort als Eisenbahn-Arbeiter nach Südostafrika kamen.

Einer von ihnen, **Michális Perantonákis,** der als 25-Jähriger nach Lourenço Marques (ins heutige Maputo) auswanderte, stieg vom Straßen-Bananenverkäufer zum größten Bierbrauer Mosambiks auf. Sein Name wird auch hundert Jahre später in der Heimat in Ehren gehalten. »Der Kreter« (o Kritikós), wie man ihn in Afrika kurz nannte, erkannte schnell den Bedarf an sauberem Wasser und gründete 1916 die Victoria Ice & Water Factory in der mosambikanischen Hafenstadt Beira. Auf einer Reise in Deutschland ließ er sich in die Braukunst einweihen und kehrte mit viel Wissen und Rezept zurück nach Mosambik, wo er 1932 die Marke »Laurentina« schuf, die noch heute unter diesem Namen im Süden Afrikas vertrieben wird. Solche Geschichten hört man in den weinumrankten Innenhöfen, wenn sich die Welt im August in Amári trifft. Wer eine solche Reise von Maputo nach Amári unternimmt, bleibt bis die Granatäpfel platzen und die nicht gepflückten Feigen am Baum verdorren. Jeder Sommer ist eine Kindheitserinnerung, und jeder Sommer könnte der letzte sein.

MÉRONAS

In einer Haarnadelkurve liegt die dreischiffige, gewölbte **Marienkirche aus dem 14. Jh.** der Familie Kallérgis, die Wandmalereien im höfischen Stil höchster Qualität aufweist.

Unregelmäßige Öffnungszeiten

GERAKÁRI

Nachdem die Wehrmacht den Ort verwüstet hatte, schien sein Schicksal besiegelt. In den folgenden Jahrzehnten wanderten die Jungen aus. Dank der »Stiftung Alexander Group« wurden viele Arbeitsplätze in der Gastronomie, Hotellerie und vor allem Pflege im privaten, vorbildlich organisierten Alten- und Pflegeheim geschaffen. Es hat sich gelohnt: Heute ist Gerakári, berühmt für seine Kirschen, wieder voller Leben.

Übernachten

Aufatmen
ALEXANDER HOTEL

Top-Service, Top-Frühstück, Top-Zimmer, Top-Lage, zum unschlagbaren Preis. Das Hotel ist ein perfekter Ausgangspunkt, um die byzantinischen Kirchen und Kapellen in der Region zu entdecken.

Gerakári | Tel. 28 33 05 11 60 | www.alexanderhotelgerakari.gr | 33 Zimmer | €

Essen und Trinken

Einheimische Kost
ARAVÁNES

Moderne Taverne mit traditioneller Küche und häufig Livemusik am Abend. Verkauf von getrockneten Kräutern aus der Region. Wer mag, bleibt gleich da: Denn der Wirt Lámbros Papoutsákis vermietet auch sehr hübsch eingerichtete Studios und Apartments.

Thrónos | Tel. 28 33 02 27 60 | www.aravanes.com | tgl. ab 8 Uhr | €

Einkaufen

Nach Hausfrauenart
DÉSPINA BOLIOUDÁKI

Frau Déspina verkauft in Sirup eingelegte Kirschen (*glikó koutalioú*) und Marmeladen eigener Produktion.

20 m von der Plateía | Tel. 28 33 05 10 13 | tgl. 8–23 Uhr

Die Kreter sind stolz auf ihr frisches Quellwasser, das vielerorts abgezapft wird.
Doch nicht immer sprudelt es so formschön aus den Brunnen wie in Spíli.

SPÍLI G4

640 Einwohner

Das Dorf an der Hauptstraße von Réthimno nach Agía Galíni ist Bischofssitz und Zentrum der Region. Der **Bischofspalast** mit Priesterseminar steht markant am nördlichen Ortseingang. An der Plateía im Ortszentrum ist ein lang gestreckter **venezianischer Brunnen** mit 25 Wasser speienden Löwenköpfen der Hauptgrund, in Spíli kurz zu halten. Wer Zeit hat, sollte einen Bummel durch den blumenbestandenen Ort machen.

Einkaufen

Kretas Garten
MARAVEL SHOP

Angeboten werden selbst gezogene Heilkräuter, verschiedene Teesorten, Honig, Oliven, Süßwaren und viele andere Produkte wie etwa Aroma- und Massageöle, Blütenwasser und diverse Naturkosmetikprodukte.

An der Hauptstraße | www.maravelspili.gr | tgl. geöffnet

Deutsche Soldaten auf Kreta. Ein grausamer Vernichtungsfeldzug und schwerste Kriegsverbrechen sind die Bilanz. Bis heute fordert Griechenland Reparationen.

DIE DEUTSCHE WEHRMACHT AUF KRETA

Der Vernichtungsfeldzug durch die Kédros-Dörfer

22. August 1944. Das Datum hat sich eingebrannt. Es steht auf in der Sonne gleißenden Marmorstelen an Ortseingängen, Häusern, auf unzähligen Gräbern. Eingebrannt hat es sich in den Köpfen der wenigen Überlebenden und ihrer Nachkommen. Jedes Jahr im Hochsommer kommen sie zusammen: Angehörige, der Klerus, Kommunalpolitiker, immer am 22. August, abwechselnd in einem der neun Dörfer des Kédros-Gebirges, durch das in den letzten August-Tagen des Jahres 1944 Hitlers Schergen zogen. Der Tod in Gestalt von **150 bewaffneten Wehrmacht-Soldaten** tauchte im Morgengrauen auf und zog zu Fuß durch den für seine Kirschen weitgerühmten Ort Gerakári, durch Gourgoúthi, Kardáki, Vrísses, Smilés, Drigiés, Áno Méros, Chordáki und das nah gelegene Kría Vríssi. Acht Tage lang brannten die deutschen Besatzer im Kédros Dörfer ab, deren Namen kaum einer kennt und die doch genannt werden müssen in einem Atemzug mit jenen anderen

europäischen Orten des Grauens wie Oradour-sur-Glane, Lidice oder Sant'Anna di Stazzema. Neun kleine Dörfer, die von SS-Verbänden als **brutale Vergeltung für Partisanentätigkeit** eingeäschert wurden mitsamt der männlichen Bevölkerung, insgesamt 164 Menschen.

Vorangegangen war eine der **spektakulärsten Entführungen** des Zweiten Weltkrieges. Am 26. April 1944 kidnappten vier Kreter und zwei britische, in deutsche Uniformen gekleidete Offiziere – darunter der spätere Reiseschriftsteller Patrick Leigh Fermor – den deutschen Oberbefehlshaber und kommandierenden General der 22. Infanteriedivision, Generalmajor **Heinrich Kreipe**. Eigentlich hatte die lang geplante Aktion dem wegen seiner Härte verhassten General Müller gegolten. Doch der war abberufen worden, der Plan wurde nicht mehr rückgängig gemacht. So traf es den erst wenige Wochen amtierenden Kreipe, einen humanistisch gebildeten älteren Offizier aus Hannover. Das englisch-griechische Team stoppte in einer Nacht- und Nebel-Aktion Kreipes Wagen, überwältigte Chauffeur und General. Leigh Fermor setzte sich die Generalsmütze auf, nahm auf dem Beifahrersitz Platz, während sein Compagnon Moss das Steuer übernahm und Kreipe hinten auf dem Boden des Wagens festgehalten wurde. In Kreipes Auto fuhren sie durchs nächtliche Iráklio, passierten 22 Sichtkontrollen, die sie beim Ruf »Generalwagen!« anstandslos passieren ließen. Kreuz und quer ging es 18 Tage zunächst mit dem Wagen, dann zu Fuß durch die Berge, bevor sie vom Peristére-Strand westlich von Plakiás nach Ägypten übersetzten. Kreipe wurde anschließend nach London gebracht und kehrte 1947 aus kanadischer Gefangenschaft nach Deutschland zurück.

Die Entführung bewahrte ihn vor schlimmen Kriegsverbrechen, was ihm möglicherweise das Leben rettete. General Müller, der schon im Juli 1944 nach Kreta zurückbeordert wurde und kurz darauf die Anordnung zur Durchführung neuer Vergeltungsmaßnahmen gab, wurde nach dem Krieg von einem Athener Sondergericht zum Tode verurteilt und hingerichtet. Der Vernichtungsfeldzug der Wehrmacht im August 1944 trug den Decknamen »Abschiedsfest – Sommernachtstraum«.

FARÁNGI KOURTALIÓTIKO F4

In der Mitte des etwa 3 km langen Canyons führen Stufen hinunter zur kleinen **Kapelle Ágios Nikólaos**, genannt »o Kourtaliótis«, der Lärmende. Es heißt, der Heilige Nikolaus habe auf die Felsen gehauen, und heraus spritzte Quellwasser. Tatsächlich entspringt gegenüber der Kapelle aus mehreren kräftigen Quellen der **Megalopótamos**, der beim Palmenstrand von Préveli ins Meer mündet. Die Schlucht mit ihren vielen Höhlen ist Heimat von Greifvögeln wie Goldadler und Bartgeier.

PRÉVELI F4

Die Region von Préveli ist ein Ausflugsziel für einen Tag und lohnt auch die Anfahrt von Réthimno oder Iráklio. Sie wird vom nur 15 km langen Bergbach **Megalopótamos** (= Großer Bach) durchflossen. Er fließt am Kloster Káto Préveli vorbei und windet sich am Ausgang eines palmenbestandenen Canyons weit unterhalb des zweiten **Préveli-Klosters** über einen besonders aus der Luftperspektive fotogenen Strand ins Meer.

Sehenswertes

KLOSTER KÁTO PRÉVELI

Wo die Asphaltstraße erstmals das Niveau des Megalopótamos erreicht, steht links eine noch immer begehbare Brücke von 1850 und am anderen Bachufer eine schöne Taverne. 100 m weiter an der Hauptstraße befindet sich die kurze Zufahrt zum Kloster von Káto Préveli. Nur noch Ruinen zeugen von der Klosteranlage (17. Jh.), die Johannes dem Täufer geweiht war. Es spielte in der Entwicklung der Landwirtschaft in dieser abgelegenen Region und der Bildung eine große Rolle.
Frei zugänglich

KLOSTER PÍSO PRÉVELI

Hinter Káto Préveli steigt die Straße wieder die Hänge hinauf. Sie passiert die Zufahrt zum Parkplatz für den Préveli Beach und ein monumentales Denkmal, das an die Unterstützung der Préveli-Mönche für die für Großbritannien kämpfenden Soldaten aus Australien, Neuseeland und Mikronesien im Zweiten Weltkrieg erinnert. Die Mönche hielten zahlreiche Soldaten nach der deutschen Invasion 1941 im Kloster verborgen, bis diese von britischen U-Booten nach Ägypten evakuiert werden konnten. Das war ein höchst gefährliches Unterfangen, weil die Wehrmacht an der gesamten Südküste Wachposten aufgestellt hatte.

Herrlich ist die Lage hoch über dem Libyschen Meer. Das Johannes dem Theologen geweihte Kloster ist noch immer bewohnt und birgt ein kleines Museum mit Messgewändern, liturgischen Geräten und Ikonen.

www.preveli.org | April–Sept. tgl. 9 Uhr bis Sonnenuntergang, Mo–Fr Mittagspause von 13.30–15.30 Uhr | Eintritt 2,50 €

PRÉVELI BEACH

Kurz hinter der osmanischen Brücke tritt der Megalopótamos in einen schmalen Canyon ein, der ganz und gar mit kretischen Dattelpalmen bewachsen ist. Über kleine Wasserfälle strömt er dem Libyschen Meer entgegen, wo er sich über den grobsandigen, etwa 200 m langen Préveli Beach in die Libysche See windet. Der Strand ist nur zu Fuß über den steilen, teilweise rutschigen Weg vom gebührenpflichtigen Großparkplatz in etwa 30 Minuten oder von Plakiás und Damnóni mit dem Badeboot zu erreichen; auch von Agía Galíni verkehren regelmäßig Boote dorthin. Mit einem Jeep oder Kleinwagen kann man von der osmanischen Steinbrücke aus auch auf einem mittelmäßigen Feldweg zur Nachbarbucht Ammoúdi fahren und von dort über einen Küstenpfad in etwa 20 bis 30 Minuten zum Préveli Beach laufen.

Erfahrene Wanderer steigen von der osmanischen Brücke aus auf einem Weg, der größtenteils östlich oberhalb des Canyons verläuft, zum Strand hinab. Nur im Hochsommer und Herbst ist es auch möglich, direkt im Fluss kraxelnd, watend und eventuell auch schwimmend zum Préveli Beach zu trekken (dabei sollte man unbedingt einen wasserdichten Beutel für die Wertsachen mitführen!).

AGÍA GALÍNI G5

600 Einwohner

Der beliebte Badeort an der Südküste schmiegt sich in ein Tal und zieht sich an dessen Hängen hinauf. Die drei Hauptgassen und der Hafenplatz gleichen einer großen Freilufttaverne, die meisten Häuser darum herum sind Hotels. Hier fühlt sich wohl, wer ungern irgendwo allein ist. Trotzdem hat der Ort, Schauplatz des Romans »Der kretische Gast« (→ S. 211), Flair. Oberhalb der langen, begehbaren Hafenmole steht ein **Denkmal für Dädalos und Ikarus**, die ersten Flieger der Menschheitsgeschichte. Der Sandstrand ist fünf Minuten entfernt.

Übernachten

In Panoramalage
PALAZZO GRECO VILLAS

Weit oberhalb von Agía Galíni, zwischen Himmel und Meer, liegen die neu erbauten, voll eingerichteten Steinhäuser im kretischen Stil. Alt und Neu harmonieren wunderbar. Ein Pool ist vorhanden. Ideal für Selbstversorger und Unternehmungslustige.

www.palazzogrecovillas.com | 4 Steinhäuser für 2–5 Pers. | €€€

Direkt am Strand
ROMANTIKA APARTMENTS

Die deutschsprachige Wirtsfamilie wohnt mit auf dem Gelände und kümmert sich in aller Herzlichkeit um die Belange ihrer Gäste. Ins Ortszentrum gelangt man zu Fuß über eine verkehrsfreie Uferpromenade. Kinderfreundliche Anlage mit einem großen, palmenbestandenen Garten. Direkt am Strand gelegen. Darüber hinaus: Minigolfanlage und Restaurant.

Östliche Seite von Agía Galíni | Tel. 28 32 09 13 88 | http:// romantika-kreta.gr | 5 Zimmer und 6 Apartments | €€

Essen und Trinken

Marke Eigenbau
ÍLIOS

Susanna, die lange in Italien lebte, und der Kreter Manólis Paterákis servieren in ihrer abseits des Hafens und der engen Gassen gelegenen Taverne ganzjährig kretische Köstlichkeiten, für die sie eigenen Honig, eigenes Öl und

Sie versuchten der Strafe des Minos zu entkommen: Dädalus und sein Sohn Ikarus, sie hatten jedoch bei ihrem Flugversuch die Nähe zur Sonne falsch kalkuliert.

zum Teil auch Fleisch aus eigener Zucht verwenden. Manólis fährt mit seinem Boot aufs Meer, mit ein bisschen Glück erhält man fangfrischen Fisch. Die Fischsuppe ist ausgezeichnet.

An der Bushaltestelle | Tel. 69 06 96 30 86 | www.agia-galini.com | tgl. ab 8 Uhr | €€

PLAKIÁS F4
180 Einwohner

Plakiás liegt in einer kleinen Küstenebene voller alter Olivenbäume, in der die Hänge sanft und grün zu den beiden Bergdörfern Mírthios und Sellía ansteigen, zwei urig gebliebenen Orten mit guten Tavernen und mehreren Ateliers, in denen heute Kunsthandwerker ihrer Beschäftigung nachgehen. Von dem kleinen Hafen zieht sich ein langer, breiter Sandstrand gen Südosten, der sich zu einem breiten Dünengelände weitet. Plakiás hat sich zwar dem Pauschaltourismus geöffnet, doch der fällt dank schonend in die Landschaft eingepasster Hotels nicht negativ auf, sondern sorgt für ein gutes Angebot an Wassersport- und Wandermöglichkeiten.

Zahlreiche Artefakte aus römischer und venezianischer Zeit lassen sich in Argiroúpolis entdecken, darunter ein beeindruckendes Mosaikfragment aus 7000 Teilen.

Sehenswertes

ORISEUM

Er war ein Messi. Priester Michális Georgoulákis hat sein gan-
zes Leben lang gesammelt: Kleidungsstücke, alte Fotos, Möbel,
Telefonapparate, Militaria. Er hat ganz Kreta abgeklappert und
reiste zum Athener Flohmarkt. Nichts war vor ihm sicher.
Sohn und (deutsche) Schwiegertochter haben nicht entrüm-
pelt, sondern zeigen voller Stolz Papas Sammlung.

Asómatos (ausgeschildert) | Tel. 28 32 03 16 74 | tgl. 10–17 Uhr |
Eintritt 2,50 €

Übernachten

Ganz neu
PLÁKIAS RESORTS

Eine neue, sehr hochwertige
Anlage mit großem Swim-
mingpool, großzügig eingerichteten Apartments unterschiedlicher Größe, ca. 100 m
vom Strand entfernt mit eigenem Strandabschnitt. Tägli-
che Zimmerreinigung, aber
kein Frühstück. Gepflegter
geht es nicht in Plakiás.

Plakiás, Uferstraße | Tel. 28 32 03
16 30 | www.plakiasresorts.com |
30 Apartments, weitere im Bau
(Ende 2020) | €€€

Essen und Trinken

6 **MERIAN EMPFEHLUNG**

Mit Meerblick
PLATEÍA
Hoch oben im Bergdorf Mírthios tischen Frederíkos und seine Familie die breite Palette kretischer Spezialitäten auf: Lammkoteletts, frittierte Zucchinischeiben, köstliches Auberginen-Imam und frische Pommes Frites. Am schönsten zum Sonnenuntergang mit Traumblick von der Terrasse auf die Bucht von Plakiás. Hier will man definitiv lange bleiben!
Mírthios, an der Hauptstraße | Tel. 28 32 03 15 60 | tgl. ab 11 Uhr | €–€€

Einkaufen

Vintage-Stil
REMEMBER PLAKIAS
María Poúri ist eine vielseitig begabte Künstlerin, die sowohl Holzmöbel, Lampen als auch Schmuck kreiert.
Agíou Vassilíou | Tel. 69 71 54 10 77 | www.pourimaria.gr | Öffnungszeiten variieren

MERIAN EMPFEHLUNG

ARGIROÚPOLIS F4

400 Einwohner

Das große, wasserreiche Dorf ist dank ganz unterschiedlicher Attraktionen ein beliebtes Ausflugsziel für einen ganzen Tag. Es steht an der Stelle der antiken Siedlung Láppa und war auch in römischer Zeit von einiger Bedeutung, wie **Felsgräber** und das **Bodenmosaik einer Therme** bezeugen. Da das Sehenswerte des schmucken Dorfes weitläufig in der Landschaft verteilt ist, lohnt es sich, mit dem Wagen heraufzufahren.

Sehenswertes

MITTELALTERLICHER ORTSKERN

Direkt gegenüber der 1895 erbauten Dorfkirche mit ihrem Glockenturm liegt der Eingang zum mittelalterlichen Ortskern, der zum Bummeln einlädt. Man entdeckt venezianische Häuser, kleine Kapellen, hübsche Gassen, in denen die Dorfbewohner sich abends auf ein Schwätzchen treffen. Größte Sehenswürdigkeit ist das reich dekorierte **römische Bodenmosaik** einer kleinen Therme aus dem 3. Jh. mit floralen und auch geometrischen Motiven. Ein Renaissance-Tor schmückt die Inschrift »Omnia Mundi Fumus et Umbra« (»Alles in der Welt ist Rauch und Schatten«). Einige Meter weiter zweigt eine schmale Gasse zu einem **römischen Wasserreservoir** ab, der aus Marmor gefertigt wurde.

RÖMISCHE GRÄBER

Etwas außerhalb des heutigen Dorfes steht die **Kapelle Pénde Parthénes**, die fünf Jungfrauen aus der Zeit um das Jahr 250 geweiht ist. In die umliegenden Felswände sind mehrere begehbare **römische Kammergräber** gehauen. Nur wenige Schritte entfernt steht eine der mächtigsten und ältesten Platanen Kretas an einem **Brunnen**, dessen Wasser Gläubige früher als heilkräftig betrachteten und tranken. Links der Straße nach Káto Póros, ca. 300 m nach Abzweigen von der Hauptstraße, beginnt an einem Bilderstock ein etwa 250 m langer Fußweg zur Kapelle, die ebenso wie die Gräber jederzeit frei zugänglich ist. Die Kapelle ist noch immer geweiht.

Essen und Trinken

Im Zaubergarten
O KÍPOS TIS ARKOÚDAINAS

Organisch, originell, kreativ, atmosphärisch, einfach großartig. Dieses Restaurant mit kreativer kretischer Küche ist eine Wucht.

50 m vom Vardinogiánni-Stadion von Episkopí | Tel. 28 31 06 16 07 | tgl. 11–1 Uhr | €€

Einkaufen

Naturkosmetik
LAPPA AVOCADO

Neben dem Tordurchgang zur Altstadt liegt der Hofverkauf dieser ausgezeichneten Kosmetikserie, gleich gegenüber kann man einen Orangen-Avocado-Smoothie probieren. 2500 Avocado-Bäume werden bewirtschaftet.

Am Ortseingang | Tel. 28 31 08 10 70 | www.lappa-avocado.gr | tgl. ab 10 Uhr

Ob wohl in der Nähe eine weitere minoische Siedlung existierte? Die Größe der Nekropole von Arméni gibt Anlass zu dieser Annahme.

ARMÉNI F4

Wie Menschen in spätminoischer Zeit bestattet wurden, kann man gut in der Nähe des Dorfes Arméni nachvollziehen. In einem zauberhaften Eichenhain haben Archäologen seit 50 Jahren eine **Nekropole** mit mehr als 250 Schachtgräbern aus dem Zeitraum 1390–1190 v. Chr. freigelegt. Ein rund 5 m langer *drómos*, ein Gang, führt hinab zu den Grabkammern, deren jeweils nach Osten ausgerichteter Eingang ursprünglich mit einem mächtigen Felsbrocken verschlossen war. Die meisten Grabkammern waren unversehrt und voller Gaben, die die Lebenden den Toten auf ihre Reise ins Jenseits mitgegeben hatten: Schmuck, Geschirr, Waffen und Statuen. Manche wurden direkt in Embryonalstellung in der bloßen Erde bestattet, andere in Tonsarkophagen, die dekorativ bemalt waren. Ein paar von ihnen sind im Archäologischen Bezirksmuseum von Réthimno (→ S. 142) ausgestellt.

Di–So 10–18 Uhr | Eintritt 2 €, erm. 1 €

Welche Schätze Kretas Erde hervorbringt, das wissen heute oft nur noch die Alten. Reich ist, wer sein eigenes Olivenöl produziert.

DIE MITTELMEER-DIÄT: VERMÄCHTNIS DER GROSSELTERNGENERATION

Adipositas und Übergewicht – das Leiden der Enkel

1956 stellte der US-amerikanische Ernährungswissenschaftler Ancel Keys in einer **aufsehenerregenden Studie** fest, dass die Anzahl der Herzkranken auf Kreta um 70 Prozent geringer sei als in anderen westlichen Ländern. Ungesättigte Fettsäuren des Olivenöls, Vitamine aus Gemüse, Kräutern, Hülsenfrüchten und ein strammer orthodoxer Fastenkalender – rund 100 Tage im Jahre ohne Fleisch, Eier, Grätenfisch und Milchprodukte! – waren quasi Garant für ein langes, gesundes Leben. Drei Generationen später ist Fleisch das Hauptnahrungsmittel geworden, brutzelt billiger Gyros *to go* an jeder Ecke, und kaum jemand hält noch die strengen Fastengebote ein. In einer vermeintlich modernen Gesellschaft wird **Fleischkonsum** als Zeichen eines hohen Lebensstandards missverstanden, und Fisch ist schlichtweg zu teuer. Schwere Landarbeit verrichten (die meist schlanken) Osteuropäer, der moderne Kreter sitzt lieber im Büro und im Café – und wird dicker und dicker. Die Abwanderung aus den Dörfern in die Städte ist seit Jahrzehnten ungebremst. Mit dem Wandel von der bäuerlich-ruralen in eine moderne Dienstleistungsgesellschaft haben sich auch die kretischen Ernährungsgewohnheiten dramatisch geändert, und die körperliche Betätigung ist fast völlig aus dem Alltag verschwunden, wie Kretas Hundertjährige erstaunt an ihren Enkeln feststellen. Umgekehrt staunen die pummeligen Enkel – längst an Sandwich, Chips und Pommes gewöhnt – über das geduldige Putzen frischer Hülsenfrüchte, deren Namen sie kaum mehr kennen, in Großmutters Küche. Sie reiben sich verwundert die Augen darüber, dass die Alten Kräuter und Wildgemüse am Wegesrand sammeln und trocknen. Früher lächelte man über die dicken Popen und Politiker und unkte, dass diese ja ohnehin nie arbeiteten. Heute ist den Kretern das Lachen vergangen: Traurige Studien über die Zunahme von Adipositas, insbesondere bei Kindern, kann jeder am Strand betreiben. Die viel gepriesene **Kreta-Diät**, die inzwischen ganze Bücherregale füllt, scheint vor Ort nicht mehr zu fruchten – in Skandinavien essen die Kinder mehr Obst als auf Kreta.

Wäre es denkbar, dass ausgerechnet die Nordeuropäer die Kreta-Diät zurück auf die Insel bringen? In den Hotels wächst die Nachfrage nach Fitness, frischem Obst und Yoga-Kursen. Der urige Kräuterladen »Botano« von Giánnis Giannoútsos in Koúses erlebt seit der Fernseh-Doku »**Zu Tisch auf Kreta**« einen regelrechten Boom. Manche Einwanderer kommen auf pfiffige Ideen: In Argiroúpolis, einer Sommerfrische im Hinterland von Georgioúpolis, dreht sich alles um die Avocado. Alles begann mit einer Psoriasis, unter der die Kanadierin Johanna litt, und die kein Arzt behandeln konnte. So fing Frau an zu experimentieren und entdeckte, dass die Frucht, die ihr Mann anbaute, nicht nur zum Verzehr geeignet war. Lange bevor das Wort »Naturkosmetik« in aller Munde war, wurde »**Lappa Avocado**« eine unter Kennern hoch geschätzte Marke. Gemischt mit frischem Orangensaft, serviert die gegenüberliegende Bar den perfekten Avocado-Smoothie. Johannas Psoriasis ist geheilt, und das Geschäft brummt.

PRÄFEKTUR LASSÍTHI

Die Kleinstadt Ágios Nikólaos am Golf von Mirabéllo, Hauptstadt des Bezirks Lassíthi, ist von allen kretischen Städten am stärksten durch den Tourismus geprägt. Herrlich gelegen, ist Ágios Nikólaos ein guter Ausgangspunkt, um Touren durch den Osten Kretas zu unternehmen.

Hotels und Apartmenthäuser erstrecken sich nicht nur entlang der Uferstraße des Ortes, sondern auch weit entlang der hübschen **Bucht von Mirabéllo,** deren Eingangstor sie bildet. Cafés und Restaurants haben sich längst auf fremde Gäste, vor allem Briten, Deutsche und Skandinavier, eingestellt: Das typische Kreta repräsentiert Ágios Nikólaos allerdings nicht. Dem sympathischen Städtchen fehlt das Raue, das Harte. Es trägt keine Spuren von Verfall und Chaos. Es ist ein guter Urlaubsort für Griechenland-Anfänger; Griechenland-Liebhaber sind anderswo besser aufgehoben – etwa in Réthimno, Chaniá oder Sitía. Doch die Stadt des Heiligen Nikolaus ist ein perfekter Ausgangspunkt für Ausflüge in den Osten und das Zentrum Kretas – und für Ferientage im April und Oktober: Das Klima hier ist das mildeste der gesamten Nordküste.

Überhaupt bietet der Osten ein aufgeräumteres Bild als der Westen Kretas. Die Straßen wirken sauberer und sind besser in Schuss, die Häuser schmucker. Anders als West- und Zentralkreta stand der Osten nicht unter deutscher, sondern unter italienischer Besatzung. Tatsächlich erinnert vieles an Italien. Die östlichste Stadt Kretas, **Sitía,** ist z. B. wie eine typisch italienische, moderne Stadt aufgebaut. Von dort ist man schnell am **Palmenstrand von Vái** und in der **Schlucht der Toten,** die in Káto Zákros ins Meer mündet. Fahrten ins Hinterland führen zur **Lassíthi-Hochebene,** berühmt als Kornkammer, oder auch in die südlichste Stadt Europas, nach **Ierápetra.**

Ágios Nikólaos in den frühen Morgenstunden – dann und nur dann herrscht noch herrliche Ruhe rund um den Voulisméni-See (s. S. 178).

MERIAN TOP 10

BUCHT VON MIRABÉLLO N4-5

Von Ágios Nikólaos bieten sich Ausflüge rund um Kretas größte Meeresbucht an, den Golf von Mirabéllo, die Riviera Kretas, wie manche meinen, und wo die edelsten Hotels der Insel ihre Gäste empfangen, darunter auch viele Staatsgäste – allen voran in Eloúnda (→ S. 180). Dank des angenehm milden Klimas ein Ferienziel bis in den Spätherbst.

ÁGIOS NIKÓLAOS M4

Karte → S. 179

11 400 Einwohner

Das Städtchen, von den Kretern einfach Ágios genannt, steht an der Stelle des antiken Lató pros Kamára, von dem an der Ecke Sfakianáki/Eikostís Pémptis noch Reste sichtbar sind. Anfang des 13. Jh. errichtete vermutlich der Genuese und Pirat Enrico Pescatore eine Burg, die er Mirabello – schöne Aussicht –

nannte, nach der der Golf benannt ist. Die Festung wurde später zerstört, die neue Stadt erst ab 1866 errichtet. Vier Jahre später wurde der kreisrunde Süßwasser-See Voulisméni durch einen Kanal mit dem Meer verbunden. Seither ist der Kournás-See bei Georgioúpolis der einzige Süßwassersee Kretas.

Sehenswertes

❶ VOULISMÉNI-SEE

Der kleine Süßwassersee hat einen Durchmesser von 137 m und ist 67 m tief. Sein Ufer fällt steil in die Tiefe ab. Es handelt sich dabei nicht um einen vulkanischen Krater, sondern um eine Karsterscheinung. Ein osmanischer Brunnen sowie ein in den Felsen gehauenes Kirchlein mit von geflügelten Löwen verzierter Tür gehören zu den wenigen historischen Relikten direkt am See, um den sich viele Gerüchte ranken: Ganze Panzer, Waffen und Laster, so heißt es, seien in ihm verschwunden. Von dem Dach der kleinen Kirche bietet sich dem Betrachter ein herrliches Panorama auf den See und auf das bunte Treiben, das in den zahlreichen Cafés herrscht.

❷ ARCHÄOLOGISCHES MUSEUM

Reichhaltige Funde aus Kretas Osten von der Jungsteinzeit bis zur römischen Epoche verteilen sich auf sieben Säle. Highlight ist die sogenannte Göttin von Mýrtos aus frühminoischer Zeit. Es handelt sich dabei um ein Keramikgefäß in Gestalt einer stilisierten Göttin mit beinlosem, glockenförmigem Körper, langem, phallusförmigem Hals, kleinem Kopf, aufgesetzten Brüsten und aufgemaltem Schamdreieck. In den dünnen Armen hält sie eine kleine Kanne. Einzigartig in der Sammlung des Museums ist auch ein 1900 Jahre alter Totenschädel. Die Archäologen fanden ihn so, wie er hier ausgestellt ist: umwunden mit einem Kranz aus goldenen Olivenblättern und mit einer silbernen Münze im Mund. Sie war ihm als Obolus für den Fährmann Charon beigegeben, der nach antikem Glauben die Toten über den Fluss Styx in den Hades übersetzt.

Paleológou 74 | Mi–Mo 8–15 Uhr | Eintritt frei

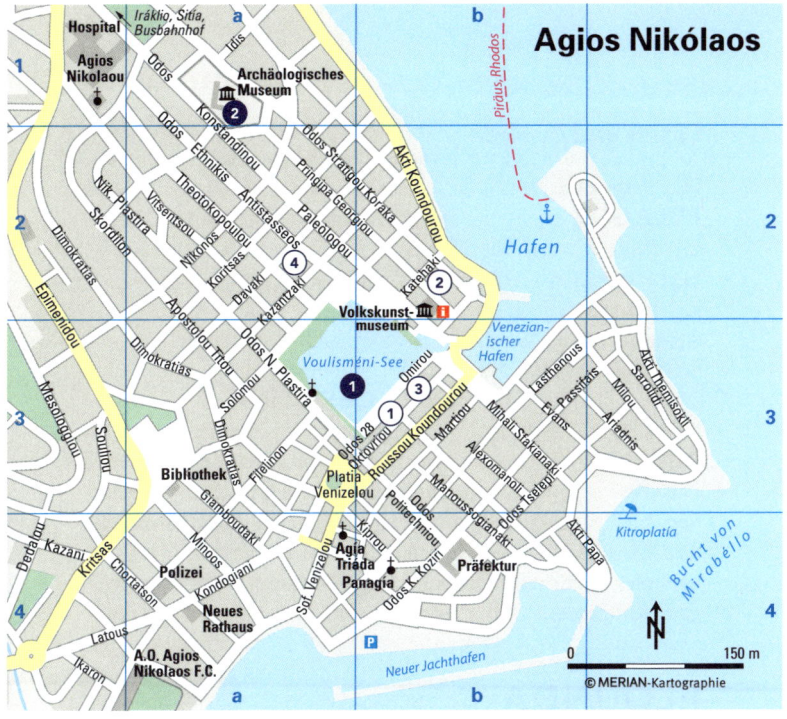

Agios Nikólaos

SEHENSWERTES
1 Voulisméni-See
2 Archäologisches
Museum

ÜBERNACHTEN
1 Du Lac

ESSEN UND TRINKEN
2 Pélagos
3 Perípou

ABENDGESTALTUNG
4 Christína

Übernachten

1 Sonderstatus
DU LAC
Das einzige Hotel am See und direkt im Zentrum. Von den meisten Zimmern und Studios bietet sich ein prächtiger Ausblick auf See und Meer. Die Fenster sind bodentief, das Frühstück kann direkt am Seeufer eingenommen werden. Frühmorgens, vor Ankunft der Tagestouristen, ist die Stimmung zauberhaft.

28is Oktovríou | Tel. 28 41 02 27 11 | www.dulachotel.gr | 24 Zimmer und Studios | €

Essen und Trinken

② *Romantisch*
PÉLAGOS

Gepflegte Taverne in einem klassizistischen Gebäude mit herrlicher Terrasse.

Stratigoú Kóraka | Tel. 28 41 02 57 37 | tgl. 12–24 Uhr | €€€

③ *Junge Szene*
PERÍPOU

Das Bistro mit Balkon zum See hin ist zugleich Buch- und Musikhandlung und ein beliebter Treffpunkt der jungen Kulturszene. Hier trifft man sich zum Quatschen, Spielen oder zur Livemusik.

28is Oktovríou 25 | Tel. 28 41 02 48 76 | tgl. 10–2 Uhr | €

Abendgestaltung

④ *Kino unterm Sternenhimmel*
CHRISTÍNA

Das Open-Air-Kino zeigt im Sommer zweimal am Abend aktuelle Filme und Filmklassiker in der Originalsprache unterm Sternenhimmel.

Ethnikís Antistáseos/Sintagmátarchou Daváki | Tel. 28 41 08 23 81

ELOÚNDA   M4

2200 Einwohner

Eloúnda erhielt seinen Namen von der in der Bucht versunkenen Hafenstadt Oloús, die während der Antike zu den bedeutendsten Häfen Kretas zählte. Heute ist die Stadt ein Synonym für Luxusurlaub in exquisiten Hotels und Resorts. Vor 50 Jahren investierten Amerikaner, heute fließt viel russisches Geld. Eine Luxus-Marina ist derzeit in Planung. Das Dorf selbst ist bislang ein Konglomerat aus Bauten ohne jedwedes Flair. Wer hier urlaubt, bevorzugt ohnehin die Diskretion der Luxushäuser. Schön ist die Lage in einer grünen Küstenebene gegenüber der lang gestreckten **Insel Spinalonga**, die Venedig noch bis 1715 halten konnte. Vom Damm, der sie seit dem ausgehenden 19. Jh. mit dem Festland verbindet, blickt man auf Salinen und aufgegebene Windmühlen. Hinter der Taverne Kanáli entdeckt man **Fußbodenmosaike einer frühchristlichen Basilika**. Vom kleinen Hafen fahren im Sommer stündlich Boote zur **Festungsinsel Kalidón**.

9 Einkaufen

Blue and Green
NOA GREENSHOP

Die aus den Niederlanden stammende Maria de Ruiter verkauft in ihrem kleinen Laden neben Mode bildschöne Accessoires und Keramik. Alle Stücke sind ein Traum in Blau, Grün und Türkis. Umschauen lohnt sich!

Eloúnda | zwischen Taxi-Stand und Meer | www.greenshops plakacreta.com | im Sommer von morgens bis spät abends

KALIDÓN/SPINALONGA N4

Das unbewohnte Eiland vor der Nordspitze der Halbinsel Spinalonga war von 1903 bis 1954 ein **Verbannungsort für Leprakranke**. Im Schatten der **venezianischen Burg** aus dem Jahr 1589 richteten sich die Leprösen ein, bauten ein Dorf, züchteten Vieh und pflanzten Gärten. Es wurden Ehen geschlossen und Kinder geboren (die man den Eltern meist wegnahm). Erst ab Ende der 30er-Jahre war es dank Karbolsäure und einer Desinfektionskammer möglich, Besuch von Ärzten und Verwandten zu empfangen. Im Zweiten Weltkrieg wurden die Leprösen erneut isoliert. Victoria Hislop hat einen Bestseller über diese Leprakolonie geschrieben, der dort auch verfilmt wurde. Zurzeit läuft die letzte Antragsphase auf Aufnahme in die UNESCO-Weltkulturliste. Das würde auch in Zukunft eine Bebauung der Insel verhindern. Mehrmals täglich fahren Ausflugsboote von Ágios Nikólaos, Pláka und Eloúnda zur Insel.

April–Okt. tgl. 8–16 Uhr | Überfahrt z. B. ab Pláka 10 €, erm. 5 €, Eintritt 8 €, erm. 4 € | www.plakaboat.gr, www.eloundaboat.gr

KRITSÁ M4

1300 Einwohner

Besonders der obere Dorfteil mit seinen Cafés, Künstlerwerkstätten und hübschen Geschäften ist einen Bummel wert. Das Bergdorf wurde erstmals durch die Verfilmung des Kazantzákis-Romans »Griechische Passion« durch Jules Dassin bekannt.

Rund 5000 Menschen leben heute noch auf der Lassíthi-Hochebene, die zu den wasserreichsten Gegenden Kretas zählt.

Mit gutem Schuhwerk (aber ohne Stöcke, manchmal muss man Felsen überwinden) ist eine Wanderung in der Kritsá-Schlucht, ebenfalls aus dem Film bekannt, zu empfehlen (Rundweg 2 Stunden, 5,5 km).

Sehenswertes

MERIAN TOP 10

MARIENKIRCHE PANAGÍA I KERÁ

Von außen ist die 700 Jahre alte Marienkirche, eingebettet zwischen Zypressen, Öl- und Mandelbäumen, eher unscheinbar. Im Inneren breitet sie eine »Bibel für die Analphabeten« aus – sie ist über und über mit Fresken bemalt, die fast vollständig den byzantinischen Bilderzyklus wiedergeben. Von großer Gottesfurcht zeugt die Darstellung der Höllenqualen. Ungewöhnlich in byzantinischen Kirchen ist die Darstellung des Heiligen Franziskus von Assisi.

2 km vor Kritsá (ausgeschildert) | Di–So 8.30–15 Uhr | Eintritt 2 €

LATÓ

6 km nördlich von Kritsá erstrecken sich über einen Hügel die **Ruinen einer Stadt aus dem 8. bis 3. Jh. v. Chr.** Man erkennt den antiken Marktplatz, die Grundmauern eines Tempels und einer Säulenhalle, eine Zisterne und ein kleines Theater sowie Reste der ehemaligen Wohnhäuser.

Di–So 8–15 Uhr | Eintritt 3 €

MERIAN TOP 10

LASSÍTHI-HOCHEBENE L4

Kretas fruchtbarste Hochebene in über 800 m Höhe ist ein sehr beliebtes Ausflugsziel. Rund 8–10 km lang und bis zu 6 km breit, verwandelt sich die Hochebene im Frühling bisweilen in eine Sumpflandschaft. Die einstigen segeltuchbespannten Windräder sind längst durch Motorpumpen ersetzt worden; nur für Fotozwecke posieren noch einige alte Windräder. Trotzdem lohnt die Tour auf die Ebene, die von bis zu 2000 m hohen Bergen gerahmt wird und noch sehr ländlich und ursprünglich geblieben ist. Eine Rundstraße führt in alle 21 Dörfer am Rande des fruchtbaren Schwemmlands, in dem Getreide, Obst und Gemüse gedeiht (→ S. 205).

Sehenswertes

DIKTÄISCHE GROTTE (DÍKTEON ANDRÓN)

Ziel aller Busausflüge auf die Lassíthi-Hochebene ist die sogenannte **Geburtshöhle des Zeus** bei **Psychró**. Der junge Gott, der vor seinem Kinder fressenden Vater Krónos versteckt werden musste, wurde hier von Nymphen genährt und von Kureten bewacht. In minoischer und griechischer Zeit war die Höhle eine Kult- und Pilgerstätte. Heute versuchen Maultiertreiber und selbst ernannte Fremdenführer, sie zur Räuberhöhle zu machen. Man kann in 15–20 Minuten auch zu Fuß hinauflaufen. Die Höhle ist elektrisch beleuchtet und fasziniert mit Stalaktiten und Stalagmiten. Rutschfeste Schuhe sind unerlässlich.

Mai–Okt. tgl. 8–20, Nov.–April Di–So 8–15 Uhr | Eintritt 6 €, erm. 3 €

Übernachten

Edel
VILAÉTI

Die stilvollste Unterkunft auf der Hochebene besteht aus vier aufwendig restaurierten und geschmackvoll eingerichteten alten Dorfhäusern. Abgeschirmt von der Außenwelt sitzt man in kleinen Innenhöfen vor historischen Steinbogen oder wärmt sich in der kühleren Jahreszeit am offenen Kamin. Nur wenige Schritte entfernt sorgt das angeschlossene Restaurant gleichen Namens für exzellente Landküche. Im gemütlichen Café werden Kaffee und aromatische Kräutertees serviert. Bio-Kartoffeln und Gemüse stammen zumeist von den Feldern der Eltern. Angeschlossen: ein kleiner Laden.

Ágios Konstantínos | Tel. 28 44 03 19 83 | www.vilaeti.gr | 4 Häuser | €€–€€€

MÓCHLOS N4

120 Einwohner

Der winzige Küstenweiler liegt weit unterhalb der Straße von Ágios Nikólaos nach Sitía und wird nur selten von Rundreisenden besucht. 2 km außerhalb hat zwar ein Club Aldiana eröffnet, doch kommen dessen Gäste nur selten ins Dorf. So ist es ein entspannter Rückzugsort für Individualisten geblieben, die sich mit mittelmäßigem Strand und einfachen Zimmern zufriedengeben, dafür aber eine kleine Plateía am winzigen Hafen gegenüber einem Inselchen mit alter minoischer Siedlung zu schätzen wissen.

Übernachten

In einsamer Lage
CLUB ALDIANA

Auch wer keinen Cluburlaub mag, muss zugeben: Die Anlage ist wunderschön im Stil eines Fischerdörfchens gebaut, die Landschaft herrlich, der Service professionell. All inclusive mit vielen verschiedenen Angeboten für Aktive, darunter Tauchkurse, Tennisplätze oder Radtouren durch die nahe Umgebung.

2 km hinter Móchlos | Tel. +49 23 49 61 03 52 04 | www.aldiana. de | 170 Zimmer | €€€

Das kleine Móchlos und die vorgelagerte Insel waren früher nicht durch Wasser getrennt. Unter der Wasseroberfläche entdeckt man noch die Besiedlungsspuren.

Essen und Trinken

Old Style
TA KAVOÚRIA

Alteingesessene und beliebte Taverne von Spíros Galanákis. Von hier aus fällt der Blick auf die vis-à-vis gelegene minoische Siedlung.
Am Hafen | Tel. 28 43 09 42 04 | tgl. ab 9 Uhr | €

Einkaufen

Sommerlook
CHEZ CÉCILE

Schmuck, Geschenke, luftige Sommerkleider – ein Laden mit Wohlfühlgarantie. Cécile vermietet im oberen Stockwerk des Hauses auch fünf Gästezimmer.
Nähe The Rocks Café | Tel. 28 43 09 44 19 | http://chez-cecile-home.mochlos.hotel-crete.net | im Sommer tgl.

Edle Handwerkskunst
WOOD WORKS

Giánnis Fragiadákis schneidet, veredelt und verarbeitet Oliven- und Eukalyptus-Holz zu Lampen, Gebrauchsgegenständen und Möbeln. Nachhaltig und als Mitbringsel etwas ganz Besonderes.
Tel. 69 79 22 78 42 | im Sommer tgl.

SITÍA O4

9910 Einwohner

Die östlichste Stadt Kretas ist beschaulich, fast ein wenig altmodisch. Bis in die 1960er-Jahre hinein war Sitía von Ágios Nikólaos aus nur über eine kurvenreiche Schotterstraße oder per Schiff zu erreichen. Heute besitzt die Stadt sehr gute Straßenverbindungen nach West, Süd und Ost und sogar einen kleinen internationalen Flugplatz, der ausgebaut werden soll. Am Hafen werden die landwirtschaftlichen Erzeugnisse des Hinterlands, vor allem Olivenöl, Sultaninen und Zitrusfrüchte, umgeschlagen. Sitía liegt in der westlichen Ecke einer großen Bucht. Die älteren, zumeist weißen Häuser staffeln sich an einem Hang übereinander, die neueren Ortsteile breiten sich im flachen Schwemmland aus. Das Leben konzentriert sich auf die Uferstraße. Fast im Ortszentrum beginnt der Sand-Kies-Strand, der sich über 1 km lang nach Osten erstreckt.

Sehenswertes

FROÚRIO KAZÁRMA

Das Kastell (»Casa di Arma« = Waffenhaus) ist das einzige historische Bauwerk im Ort und stammt aus byzantinischer Zeit. Die Venezianer haben es später erweitert und ihm seinen Namen gegeben. Von hier hat man den besten Ausblick über die Stadt. Stimmungsvoll ist eine Aufführung im Sommertheater im Rahmen des Festivals Kornária.

Di–So 8–15 Uhr | Eintritt 2 €, erm. 1 €

ARCHÄOLOGISCHES MUSEUM

Das Museum zeigt Funde aus dem Osten Kretas, insbesondere aus minoischen Gräbern bei Agía Fotiá nahe der Stadt, darunter einige Tontafeln in Linear-A-Schrift. Wertvollstes Objekt ist eine äußerst detailliert geschnitzte Nilpferdelfenbeinfigur, der sogenannte Koúros von Palékastro (ca. 1450 v. Chr.). In die Augenhöhlen waren ursprünglich Bergkristalle eingesetzt, auch Blattgold und Holz wurde verwendet.

Piskokefálou 3 | Di–So 8–15 Uhr | Eintritt 2 €, erm. 1 €

Essen und Trinken

MERIAN EMPFEHLUNG 10

Hausmannskost
TO STÉKI

Die Lieblingstaverne von Marktbesuchern vom Lande liegt nicht am Meer, ist dafür preiswert. Täglich frische kretische Gerichte. Am Abend gibt es meist nur Gegrilltes.

A. Papandréou 10 | tgl. ab 10.30 Uhr | €

Platzhirsch
MITSAKÁKIS

Die besten *loukoumádes* und den allerbesten *galaktoboúreko* weit und breit gibt es hier! Schon beim Zusehen, wenn der Teig verarbeitet wird, läuft einem das Wasser im Mund zusammen.

Karamanlí 6–8 | tgl. 6–2 Uhr | €

MERIAN EMPFEHLUNG 11

KLOSTER TOPLOÚ P4

Das festungsartige Mönchskloster besteht seit dem 14. Jh. und erhielt nach der osmanischen Eroberung seinen Namen, weil es eine Kanone besaß (türkisch »Top«). Es beherbergt schöne **Ikonen**, darunter die der »Großen Weihe« mit 61 Bibelszenen von Ioánnis Kornáros aus dem Jahr 1770. Das **Museum** zeigt alte Kupferstiche, Bibeln, Holzschnitte, liturgische Gewänder – und Waffen aus der Zeit, als man mithilfe von Zivilisten seine Freiheit verteidigte. Berühmt ist das Kloster aber auch für seine **Weinkellerei**, die **Schnapsbrennerei** und das Öl. Früher wurde nur für den Eigenbedarf produziert. Heute beschäftigt das Kloster Agrarfachleute, Landarbeiter, Önologen und Seifensieder und ist aufgrund seiner kunsthistorischen und landwirtschaftlichen Schätze eines der reichsten Klöster Griechenlands.

Tgl. 9–18 Uhr | Eintritt 3 €

Einkaufen

Zum Wohl!
KLOSTERWEIN

In der modernen Weinkellerei jenseits der Straße kann man in angenehmem Ambiente verschiedene Bio-Weine, Öl und Raki verkosten und natürlich auch kaufen.

Tel. 28 43 02 96 30 | April–Okt. Mo–Fr 10.30–17 Uhr

Er ist ein Allrounder – und in aller Munde, der kretische Raki. Kreta-Besucher werden reichlich Gelegenheiten zu einer Kostprobe finden. Na dann: Jiámas.

RAKI – DER ZAUBERTRUNK FÜR ALLE GELEGENHEITEN

Was den Raki vom Anisschnaps unterscheidet

Ein Raki – im Griechischen weiblich: *mía rakí* – geht immer, zu allen Tageszeiten und in allen Situationen. Der **Tresterbrand**, der zweifach gebrannte kretische Schnaps, ist so etwas wie Kaffee, Willkommensgruß, Aperitif, Erleichterung mitten in einem opulenten Mahl, Absacker und Tagesbegleiter in einem. Geschmacklich ähnelt er dem italienischen Grappa. Ihn abzulehnen, verstößt gegen die Regeln der kretischen Gastfreundschaft. Wer aufgefordert wird, merkt schnell: Bei einem Raki wird es nicht bleiben. Er wird überall gereicht und getrunken, nicht nur in den *rakádika*, der kretischen Variante der Ouzerie. In den Restaurants wie zu Hause wird er nach oder mit dem Dessert kredenzt, in eisgekühlten Mini-Glaskaraffen oder in einer bauchigen Keramikflasche mit passenden kleinen Bechern. Der Raki ist das **kretische Nationalgetränk**, und überhaupt heißt er nur auf der Insel Raki mit der Betonung auf dem í und nicht Tsípouro wie auf dem griechischen Festland. Einzig als Tsikoudiá darf man ihn noch bezeichnen. Mit dem türkischen Namensvetter, einem Anisée aus Trauben oder Rosinen, hat er nichts gemein, und schon gar nichts mit einem Ouzo. Er hinterlässt keinen Anisgeschmack, er duldet kein Wasser als Verdünnung und schon gar keine Trübung.

Im Oktober und November, wenn die Weinlese längst vorüber und der Wein gekeltert ist, bringen die Dorfbewohner ihren Trester, den Pressrückstand der Weintrauben, in die **Destillerien**. Jedes Dorf hat so eine Destillerie mit riesigem Brennkessel aus Kupfer, *kazáni* genannt. Wenn das Feuer über den Holzscheiten geschürt wird, beginnt das *kazánema*, das Brenn- und Trinkfest. Rund um die Uhr brennt das offene Feuer, es duftet nach Olivenholz und Most. Die Dorfbewohner kommen vorbei, bringen ihre eigene Maische und ein wenig Proviant zum Teilen mit, kosten und prüfen das frische Destillat. Zu fortgeschrittener Stunde finden sich immer mehr vorzügliche Begleiter, die als Grundlage für eine lange, rakigeschwängerte Nacht dienen: frisch gebackenes Brot, würziger Hartkäse, ein paar sonnenverschrumpelte Oliven oder auch Süßes wie *loukoumádes* oder Traubenmostpudding. Irgendwann packt jemand sein Instrument aus, die Musik setzt ein, einer erhebt sich und fängt an zu tanzen.

Manche Erzeuger geben ein paar Feigen oder auch Maulbeeren hinzu, um die Intensität der Würze zu steigern. Es gibt **große Unterschiede** in Qualität und Geschmack. In der süßen Variante wird das Destillat mit Gebirgshonig verquirlt zu *rakómelo*. Da die Industrialisierung des kretischen Raki zum Glück noch in den Kinderschuhen steckt, ist der Preis kein Indikator für Qualität, und schon gar nicht das Etikett – wenn überhaupt vorhanden. In unbeschrifteten Plastikflaschen versteckt sich häufig der beste Raki – aus kleiner Produktion und vom Erzeuger selbst abgefüllt. Der Einsatz des hochprozentigen Schnapses ist vielfältig. Auf der Haut eingerieben, heilt er rheumatische Beschwerden. Zähneklappern? Migräne? Schlaflosigkeit? Ein Raki geht immer!

12 MERIAN EMPFEHLUNG

PALMENSTRAND VON VÁÏ P4

Sein Ruhm hat dem Palmenwald zugesetzt – zumindest tagsüber. Zwar ist der **Palmenhain** nach wie vor hübsch anzusehen, der Besuch des Strands aber kaum noch ein Naturerlebnis: Es gibt hier inzwischen mehr Autos und Busse als Palmen, der große Palmenhain ist zur Erhaltung des Ökosystems ohnehin abgesperrt. Váï besucht man am besten erst am späten Nachmittag, wenn die Ausflugsbusse wieder abgefahren sind. Dann aber ist es wunderschön und man mag die alte Legende glauben, nach der Piraten die Dattelkerne ausgespuckt haben und so der Dattelwald mit *Phoenix theophrasti* entstand. Er erstreckt sich dort, wo ein Bach ins Meer mündet, ein weißer Sandstrand karibische Gefühle erzeugt und zerklüftete Felsen einst perfekte Verstecke für Piraten bildeten, die von hier aus vorbeifahrende Schiffe kaperten.

> »Alle Kreter lügen«.
> (Epimenídes, geb. um
> 600 v. Chr., selbst Kreter)

ÍTANOS P4

Die Bucht an der Ostküste ist eine echte Badealternative zum oft übervollen Palmenstrand von Váï. Von der antiken Stadt Ítanos zeugen die **Grundmauern zweier frühchristlicher Basiliken** in Strandnähe und **Reste der Stadtmauer** aus der klassischen Antike. Die Hafenstadt Ítanos erlebte ihre erste Blütezeit im 7. Jh. v. Chr., prägte im 5. Jh. v. Chr. sogar eigene Münzen, war im 3./2. Jh. v. Chr. ägyptisch-ptolemäischer Flottenstützpunkt und blieb bis ins 9. Jh. hinein eine bedeutende Küstensiedlung. Die in London ansässige Minoan Group plant auf dem Gelände, das dem Kloster Toploú (→ S. 187) gehört, mit dem »Cavo Sidero Projekt« eine der größten touristischen Investitionen – mit Golfplätzen, Marina und mehreren Feriendörfern. Mit der Ruhe dürfte es dann allerdings vorbei sein. Die lokale Bevölkerung hat bereits Proteste in der wasserarmen Region organisiert.

Einst lag die minoische Stadt Roussolákos, benannt nach dem rötlich gefärbten Mergelsand (Roussolákos = rote Grube), direkt am Meer.

PALÉKASTRO P4

950 Einwohner

Das nordöstlichste Dorf Kretas ist ein beliebter Treffpunkt jugendlicher Urlauber und Surfer, die den idyllischen Bergdorfcharakter und die Nähe guter Strände schätzen. **Koureméno**s ist das kretische Surferparadies. Am Strand von **Chióna** mit seinen drei Tavernen kann jeder nach seiner Façon selig werden. Unmittelbar hinter dem Strand wurden die **Ruinen einer großen minoischen Stadt** freigelegt.

Sehenswertes

AUSGRABUNG ROUSSOLÁKOS

Wer heute einen windumtosten Tag erlebt, kann sich leicht den Tsunami ausmalen, der die einst größte minoische Handelsstadt in Kretas Osten unter sich begrub. Teile der geradlinigen Straßenführung und der Kanalisation haben sich auch 4000 Jahre später noch erhalten.

Kurz vor dem Strand von Chióna | Di–So 8–15 Uhr | Eintritt 2 €

Dort, wo einst die Minoer in den Felshöhlen ihre Toten bestatteten, verläuft heu- te ein beliebter Wanderweg, der am Palast von Káto Zákros endet.

ZÁKROS P5

Zákros wurde durch die **Entdeckung eines minoischen Palas- tes** nahe dem 500 m langen Grobsand-/Kiesstrand von Káto Zákros weltbekannt. Das Bergdorf ist Ausgangspunkt einer leichten, sehr empfehlenswerten Wanderung entlang einem Bach hinunter zu den Ausgrabungen und zum Strand von **Káto Zákros**. Dort liegen locker in der Landschaft verstreut auch einige Pensionen und kleine Apartmenthäuser, in denen man ruhige Urlaubstage verbringen kann.

Sehenswertes

MINOISCHER PALAST

Der minoische Palast von Káto Zákros – mit rund 300 Räumen der viertgrößte – war ein Handelszentrum für den Warenaus- tausch mit Ägypten und anderen Ländern des Vorderen Ori- ents. Als einziger Palast blieb er von Plünderungen verschont. Die meisten Baureste stammen aus der Zeit zwischen zwei Zerstörungen 1600–1450 v. Chr. Ein Rundgang führt zunächst über die alte Hafenstraße in den älteren Palastteil. Auf der lin-

ken Seite fallen vier eigenartig geformte Luftschächte auf, die zu Erzschmelzöfen gehörten, den ältesten der Menschheitsgeschichte. Des Weiteren erblickt man den für minoische Paläste typischen Zentralhof, mehrere Zisternen und Wasserbecken sowie Lager- und Kulträume. Die kleinen Zimmer nördlich des Zentralhofs werden als Wohn- und Werkstatträume gedeutet. Die Funde von Káto Zákros können im Archäologischen Museum von Sitía (→ S. 186) besichtigt werden.
Mai–Okt. 8–17.30, Nov.–April Di–So 8.30–15 Uhr | Eintritt 6 €, erm. 3 €

MERIAN EMPFEHLUNG 14

TAL DER TOTEN

Das Tal der Toten kann man nur zu Fuß erkunden. Eine einfache, auch für Kinder abwechslungsreiche, gut markierte Wanderung führt in etwa 2,5 Stunden vom Bergdorf Zákros aus durch dieses teilweise canyonartige Tal hinunter nach Káto Zákros. Von der Plateía von Zákros aus folgt man den Wegweisern zunächst durch den urigen unteren Dorfteil und durch einen Olivenhain. Dann erreicht man einen Bach, der im weiteren Verlauf mehrmals auf Trittsteinen überquert werden muss. In den Wänden des Canyons sind zahlreiche kleine Grotten zu erkennen, in denen in minoischer Zeit Tote beigesetzt wurden – daher der Name des Tals. Mit etwas Glück sieht man über dem Canyon Geier kreisen; auf jeden Fall begegnet man unzähligen Eidechsen. Im unteren Teil der 8 km langen Schlucht führt der Pfad durch einen üppigen Wald aus übermannshohem Oleander, unter den sich auch die blau blühenden Keuschlammsträucher mischen.

Übernachten

Toller Service
GIÁNNIS RETREAT
800 m vom Strand entfernt liegen die im traditionellen Stil erbauten, modern einge-richteten Natursteinhäuser in einem üppigen Garten mit Liegestühlen und Schaukeln. Mountainbikes stehen kostenlos zur Verfügung. Die Inhaber Giánnis und Katerína kümmern sich herzlich um

ihre Gäste und geben viele auf Wunsch gute Tipps.

Tel. 28 43 02 57 26 | www.katoza kros-rooms.com | 5 Zimmer | €

Essen und Trinken

In Blau-Weiß
ANAMNESÍA

Direkt am Meer liegt die sympathische Taverne, die Fischspezialitäten serviert.

Káto Zákros | Tel. 28 43 02 37 93 | tgl. ab 10 Uhr | €€

Einkaufen

Regionale Delikatessen
TERRA ZAKROS

Raki, Wein, Kräuter, Thymianhonig und natürlich das gold-grüne Olivenöl der Insel in Top-Qualität bietet dieser gut sortierte Laden, in dem man auf Wunsch auch fachmännische Beratung erhält.

Plateía von Zákros | www.sitiater razakros.gr | Öffnungszeiten variieren, in der Saison tgl.

XERÓKAMBOS   P5

Der winzige, völlig abgelegene Weiler im äußersten Südosten der Insel ist eine Streusiedlung in der Nähe mehrerer kleiner, sandiger Buchten mit nur wenigen Pensionen und Tavernen. Hauptstrand ist der meist menschenleere, 500 m lange und ca. 20 m breite **Ámbelos Beach** im Süden des Ortes. Dort sind neben der weithin sichtbaren **Nikolaus-Kapelle** auch Grundmauern einer Siedlung aus hellenistischer Zeit frei zugänglich.

CHANDRÁS-HOCHEBENE   O4–P5

Die Hochebene östlich der Straße von Sitía nach Ierápetra liegt abseits aller touristischen Wege. Man verlässt die Hochebene in Páno Episkopí und fährt in Richtung Zíros. Vom Dorf **Néa Pressós** aus kann man einen Abstecher zu den einsam gelegenen, spärlichen Überresten der **antiken Stadt Pressós** unternehmen. Bevor man das Dorf **Chandrás** erreicht, erblickt man links in einiger Entfernung die **Ruinen der venezianischen Siedlung Vóila** mit einem beeindruckenden Wohnturm (ausgeschildert). Im verlassenen **Etiá** ist der Landsitz der venezianischen Adelsfamilie de Mezzo aus dem 15. Jh. erhalten.

Seit Ende des 19. Jh. ist sie dem Verfall preisgegeben: die Siedlung Vóila, die zu venezianischen Zeiten ausgesprochen wohlhabend gewesen sein muss.

ANÁLIPSI UND MAKRIGIALÓS O5

Ca. 600 Einwohner

Der Ortskern von Makrigialós liegt auf einer kleinen, flachen Halbinsel, auf der Grundmauern einer Villa unmittelbar an der markanten Hauptkirche von einer Besiedlung in römischer Zeit zeugen. Der Halbinsel vorgelagert ist der Grobsandstrand **Kalamokianá Beach**. Ein kleiner **Hafen** liegt östlich der Halbinsel, wo mehrere gute Tavernen die Fußgängern vorbehaltene Uferpromenade säumen. Östlich davon beginnt das lang gestreckte Straßendorf Análipsi mit einem langen Sandstrand, an dem Tavernen und kleine Hotels liegen. Die Siedlung ist ein guter Standort für Erkundungen in Kretas Südwesten.

Übernachten

Grün reisen
ÁSPROS PÓTAMOS

Die zehn sich an einem Hang aneinanderkuschelnden, unverputzten Häuschen des Feriendorfes wirken wie ein Relikt aus längst vergangenen Zeiten. In ihren Grundmauern sind sie etwa 300 Jahre alt, aber natürlich umfassend restauriert und renoviert worden. Eine Photovoltaikanlage

Ein venezianisches Kastell bewacht den Hafen von Ierápetra, von wo aus die Schiffe auf die vorgelagerte Insel Chrissí ablegen.

erzeugt den benötigten Strom. Lichtquellen in den Häusern sind aber auch Kerzen und Öllampen. Steckdosen gibt es nur an der Rezeption. Authentisch und abgeschieden, ist dies hier ein ganz wunderbarer Ort der Stille.

1 km von der Küstenstraße am östlichen Ortsende von Análipsi (ausgeschildert) | Tel. 28 43 05 16 94 | www.asprospotamos.com | 10 Häuser | €€–€€€

Essen und Trinken

Frisch aus dem Meer
MINÁS PLACE
In der Taverne am Wasser besorgt Inhaber Vangélis den Service, Mutter Elefteria steht in der Küche. Ausgezeichnet: der Fisch, das *moussaká*, das Rinder- und das Kaninchen-*stifádo*.

Hafen von Makrigialós | Tel. 28 43 05 19 49 | tgl. ab 10 Uhr | €

KLOSTER KAPSÁ O5

Das kleine Mönchskloster wurde im 15. Jh. an einer niedrigen Felswand errichtet. Den Innenhof ziert ein Brunnen unter Zitronen- und Mispelbäumen. In der Klosterkirche werden die **Reliquien des Lokalheiligen Gerontogiánnis** verehrt. Er wirkte im 18. Jh. in diesem Konvent als Wunderheiler. Von hier aus brachten im Zweiten Weltkrieg britische U-Boote und Schiffe Widerstandskämpfer und Soldaten nach Ägypten.

IERÁPETRA N5

11 700 Einwohner

Die **südlichste Stadt Europas** (Zypern ausgeklammert) liegt in einem Stück flachen Schwemmlands an der schmalsten Stelle der Insel. Zur Nordküste bei Pachá Ámmos sind es nur rund 14 km. Die Umgebung wirkt hier wegen des fehlenden Gebirgshintergrunds öder als in den Städten der Nordküste, die Atmosphäre mutet fast schon nordafrikanisch an. Im Sommer wie im Winter ist Ierápetra die wärmste Stadt der Insel.

In der Antike lag hier die **römische Stadt Hierapytna**. Sie war als Hafen für den Handel mit der Kyrenaika und Palästina von enormer Bedeutung. Das heutige Ierápetra lebt überwiegend vom Gemüseanbau. Rings um die Stadt gleißen die Folien der **Gewächshäuser** im Sonnenlicht, in denen seit den 1960er-Jahren Tomaten und Frühgemüse angebaut werden. Damals kam der holländische Landwirt Paul Cooper nach Ierápetra und gab sein Wissen weiter. Die Bauern begannen mit dem Export und mussten nicht als Gastarbeiter ins Ausland gehen. Der Tourismus spielt in der etwas verschlafenen Stadt immer noch eine untergeordnete Rolle. Hübsch sind die lange Uferpromenade und die Gassen der Altstadt.

Sehenswertes

KASTELL

Die Hafenfestung (türk. *kale*) wurde von den Venezianern nach der Eroberung im 13. Jh. erbaut. Von ihren niedrigen Mauern aus genießt man einen schönen Blick über die Altstadtdächer und hinüber zur Insel Chrissí.

Stratigoú Samouíl | frei zugänglich

NAPOLEON-HAUS

Auf seinem Weg nach Ägypten soll der französische Feldherr eine Nacht in Ierápetra verbracht haben. Zahlreiche Legenden ranken sich um diese eine Nacht, und so mancher Bewohner verweist auf den berühmten Vorfahren ...

Káto Méra 9 | nicht zugänglich

ARCHÄOLOGISCHES MUSEUM

Die kleine Sammlung im Gebäude der ehemaligen osmanischen Handelsschule enthält Funde aus minoischer Zeit, darunter eine spätminoische Töpferscheibe, eine steinerne Gussform für Doppeläxte und einen kleinen Sarkophag mit der Darstellung eines Streitwagens. Münzen und Tongefäße komplettieren die Ausstellung, deren Highlight aber zweifellos eine lebensgroße Skulptur der Göttin der Unterwelt Persephone ist, die aus dem 2. Jh. stammt.

Dimokratías | Di–So 8–15 Uhr | Eintritt 2 €

Übernachten

Historisches Stadthaus
CRETAN VILLA

Das erste Hospital der Stadt ist in ein Boutique-Hotel umgewandelt worden. Charmant, urig, mit hübschen Details, begrüntem Innenhof, freundlichem Empfang und ausgezeichnetem Preis-Leistungs-Verhältnis.

Oplarhígou Lakérda 16a | Tel. 28 42 02 85 22 | www.cretan-villa. com | 9 Zimmer | €

Essen und Trinken

Neuzugang
VÍRA PÓTZI

Gepflegtes Restaurant neben dem Kastell direkt am Meer. Kreative Küche, Meeresfrüchte und ausgezeichneter Service. Wer Seeigel, Hummer und Garnelen liebt, wird hier nicht enttäuscht. Fragen Sie nach dem Tagesfang!

Stratigoú Samouíl 82 | Tel. 28 42 02 82 54 | www.virapotzi.gr | tgl. 11 Uhr bis Mitternacht | €€

Einkaufen

Nur Schönes
MYRTÓ

Gewebte Schals, Taschen, Schmuck von Myrtó Kanoúpaki im modernen griechischen Design.

Ethnikís Antistáseos 4 | www. myrto.gr | Mo–Fr 9–14 und 17.30–21, Sa 9–14 Uhr

Ästhetik pur
BLUE SHADES

Wer das Besondere sucht, ist hier richtig! Angeboten werden u. a. Geschenke, Fashion, Strandmode und Schmuck.

Stratigoú Samouíl 28 | Tel. 28 42 02 60 11 | tgl. 9–23 Uhr

Stilvoll gestaltet und alles hübsch präsentiert – bei Blue Shades in Ierápetra findet man garantiert ein schönes Mitbringsel.

15

MERIAN EMPFEHLUNG

CHRISSÍ (GAIDOURONÍSSI) M/N6

Die kleine, **unter Naturschutz stehende Insel** (Gaidouroníssi heißt übersetzt »Insel der Esel«), rund 14 km südwestlich von Ierápetra, ist nur im Sommer bewohnt. Hotels, Pensionen, Campingplätze: Fehlanzeige! Eine Taverne, eine Beach Bar, Muschel-Sandstrände (Mitnahme untersagt!), glasklares Wasser und menschenleere Dünen locken in den heißen Monaten Tagesbesucher, die sich nach Ruhe und Abgeschiedenheit sehnen. Schiffe fahren im Sommerhalbjahr mehrmals täglich ab etwa 10 Uhr in Ierapétra los, die Fahrzeit beträgt rund eine Stunde mit der Fähre. Tickets werden in Ierápetra direkt am Hafen und von zahllosen Agenturen überall im Ort angeboten. Wer die Massen scheut, setzt mit der preislich unschlagbaren Motorjacht »Nautilos« über. Man kann sie übrigens auch in privater Gesellschaft mit Lunch mieten.

Tel. +30 69 72 89 42 79 | www.nautiloscruises.com | Hin- und Rückfahrt ca. 28 €, erm. 20 €

Sie künden von längst vergangenen Zeiten:
die segeltuchbespannten Windräder, die einst
zu Tausenden für die Bewässerung der Felder
auf der Lassíthi-Hochebene sorgten.

WANDERUNGEN UND AUSFLÜGE

WANDERUNG
Durch die Samariá-Schlucht – von den Weißen Bergen bis ans Libysche Meer

Ein Klassiker und für viele der Höhepunkt ihres Kreta-Urlaubs: die Wanderung durch die Samariá-Schlucht. Um die längste Schlucht Europas zu durchwandern, benötigt man Kondition und eingelaufene Wanderschuhe. Am schönsten ist die Tour in den Monaten September und Oktober!

Charakteristik: lange Wanderung, bei der festes Schuhwerk mit rutschfesten Sohlen erforderlich ist. Trinkwasser, Sonnenschutz und Kopfbedeckung mitnehmen **Start:** Omalós-Hochebene, Xilóskala **Ziel:** Agía Rouméli **Dauer:** 6 Std. **Länge:** 14 km **Einkehrtipp:** Farági, Agía Rouméli, Tel. 28 25 09 12 25, tgl. ab 9 Uhr, € **Auskunft:** Das Samariá National Park Information Center informiert über die aktuelle Wetterlage in der Schlucht und ihre Passierbarkeit, Tel. 28 21 04 55 70, www.samaria.gr. Die Schlucht ist normalerweise vom 1. Mai–15. Okt. von 7–16 Uhr geöffnet, der Einstieg nur bis 12 Uhr erlaubt **Eintritt:** 5 € **Faltkarte:** D4 (→ S. 126)

Der 14 km lange Fußweg bis zur Küste beginnt in über 1200 m Höhe an der »xilóskala« (Holztreppe) genannten Stelle am Rand der Omalós-Hochebene. Schon bevor die Schlucht und ihre Umgebung 1962 zum Nationalpark erklärt worden waren, hatten Hirten für ihre eigene Bequemlichkeit Holzbohlen in den Boden eingefügt, so erklärt sich der Name.

EINGANG ZUR SCHLUCHT

Am Kassenhäuschen löst man seine Eintrittskarte, die am Ausgang der Schlucht wieder abgegeben werden soll. So kann überprüft werden, ob am Abend auch alle Besucher wieder heil herausgekommen sind oder ob jemand verbotenerweise in der Schlucht zu campieren gedenkt.

Wer in den Sommermonaten durch die berühmte Samariá-Schlucht wandert, wird sich das Erlebnis mit vielen anderen teilen müssen.

VORBEI AN ÁGIOS NIKÓLAOS

Nach etwa 30 Minuten steht rechter Hand das kleine Kirchlein **Ágios Nikólaos**. Angeblich wurde es an der Stelle eines kleinen antiken Artemis-Heiligtums erbaut. Am Ende der Holztreppe steht man auf dem Grund der Schlucht und staunt nicht schlecht: Bis zu 2000 m ragen die umliegenden, gewaltigen Berge auf. Die meisten Hänge sind noch bewaldet, obwohl schon die Minoer hier Zypressen fällten für ihre Säulen und Venezianer und Türken für ihre Boote, die sie in den Werften von Agía Rouméli bauen ließen. So ist das heute verfallene Dorf **Samariá** ein Hirten- und Holzfällerdorf gewesen, bis es seine Bewohner 1962 aufgeben mussten. Das ehemalige Dorf mit Quelle, Toiletten und einer Erste-Hilfe-Station dient heute durstigen Wanderern als ersehnter Hauptrastplatz auf knapp halbem Wege durch die Schlucht. Wenige Meter hinter dem Dorf steht die Kirche **Óssia María** aus dem 14. Jh. mit einigen sehr schlecht erhaltenen Wandmalereien.

BEI DEN »SIDERÓPORTES«, DEN EISERNEN PFORTEN

Bald darauf wird die Schlucht immer enger, und die Spannung steigt: An ihrer schmalsten, nur 3 m breiten Stelle – den »sideróportes«, den **Eisernen Pforten** – ist der touristische Höhepunkt des Weges erreicht. Die Felswände ragen beeindruckende 350 m steil auf, auf dem Grund der Schlucht bahnt sich ein Bach seinen Weg, der im Winterhalbjahr und nach der Schneeschmelze jedes Passieren unmöglich macht.

ZIELPUNKT: AGÍA ROUMÉLI

Kurz danach taucht die schattenlose Küstenebene auf, die man noch etwa 30–45 Minuten durchqueren muss, bis man ins Küstendorf **Agía Rouméli** mit seinem Kiesstrand, zahlreichen Tavernen und einigen Übernachtungsmöglichkeiten kommt. Wer individuell unterwegs ist, kauft sich am besten zunächst ein Schiffsticket für die Weiterfahrt nach Chóra Sfakíon, wo Linienbusse zur Rückfahrt nach Chaniá und Réthimno an der Nordküste warten. Alternativ gibt es auch ein Linienschiff nach Paleóchora im Südwesten der Insel.

Wer in Agía Rouméli übernachtet und nimmermüde ist, kann auch noch eine etwa einstündige Wanderung hinauf zur **venezianischen Festung** über Agía Rouméli unternehmen – doch das tut kaum jemand nach den Mühen und Strapazen der Samariá-Durchwanderung.

ALTERNATIV: DIE KÜRZERE TOUR

Wer die lange schweißtreibende Wanderung durch die gesamte Schlucht scheut, kann dennoch einen Eindruck von ihr gewinnen. Man fährt morgens mit dem ersten Linienbus von Chaniá nach Chóra Sfakíon und mit dem nächsten Schiff weiter nach Agía Rouméli. Dort läuft man dann durch die schattenlose Küstenebene etwa 40 bis 50 Minuten bis zu den Eisernen Pforten und je nach Kondition noch ein Stück weiter in die Schlucht hinein, um danach auf gleichem Weg an die Küste zurückzukehren. Auch diese Touren werden von den Reisebüros an der Nordküste organisiert.

AUSFLUG
Auf der Lassíthi-Hochebene – Klöster, Windmühlen und 21 Dörfer

Die Lassíthi-Hochebene auf rund 850 m Höhe ist eines der meistbesuchten Ausflugsziele auf Kreta. Mit dem Mietwagen lässt sich die Tour auf das einst von Hunderten von Windrädern geprägte Plateau individuell gestalten, am besten bleibt man über Nacht.

Charakteristik: Mietwagen-Rundfahrt ab den Badeorten zwischen Iráklio und Ágios Nikólaos **Start:** Schnellstraßenausfahrt Chersónissou/Kastélli **Ziel:** Neápoli **Dauer:** mind. 8 Std. **Länge:** ab/bis Iráklio 160 km, ab/bis Ágios Nikólaos 125 km **Einkehrtipp:** Landgasthof Vilaéti, Ágios Konstantínos, Tel. 28 44 03 19 83, www.vilaeti.gr, tgl. ab mittags, €€ **Faltkarte:** L4-M4 (→ S. 183)

Im Hinterland von Liménas Chersoníssou steigt die Straße an Richtung Kastélli, wo Kretas neuer Großflughafen entstehen soll. Noch liegt dort nur der kleine Flugplatz aus dem Zweiten Weltkrieg. Wir aber wenden uns links Richtung Potamiés.

DÖRFER UND MUSEEN AUF DEM WEG ZUR LASSÍTHI-HOCHEBENE

Am Ortseingang von **Potamiés** führt ein Wegweiser zur 1 km entfernten Marienkirche **Panagía Gouverniótissa** aus dem 14. Jh. (10–14 Uhr). Vorbei an **Avdoú** mit sehr ursprünglichem Ortskern und an **Krássi** mit Kretas berühmtester Platane und einem venezianischen Brunnenhaus geht es nun nach **Goniés**, wo kurz vor dem Ortsanfang das **Kloster Kerá** (→ S. 87) steht. Jetzt steigt die Straße steiler an und passiert das auffällige **Homo-Sapiens-Museum** (tgl. 9–19 Uhr, Eintritt 4 €). Dann ist die Passhöhe **Ámbelos Afín** erreicht: Hier stehen einige restaurierte und viele ruinöse Windmühlen aus Naturstein, in

Wo Tomaten »an Bäumen wachsen«: Die Taverne Mariánna im Dorf Mésa Potámi in der Lassíthi-Hochebene lohnt in jedem Fall einen Zwischenstopp.

denen früher das auf der fruchtbaren Lassíthi-Hochebene ge-
erntete Getreide gemahlen wurde. Zwei von ihnen können
tagsüber besichtigt werden. Der Blick über die Ebene mit ihren
21 Dörfern ist überwältigend. Manchmal kreisen über der
Passhöhe auch einige Bartgeier, die seltenste und größte Greif-
vogelart auf Kreta, mit einer Flügelspannweite bis zu fast 3 m.

RUND UM DIE HOCHEBENE

Die Hochebene umrundet man am besten entgegen dem Uhr-
zeigersinn, zweigt also, unten angekommen, nach rechts ab.
Hier wurden einige der einst über 20 000 mit Segeltuch be-
spannten Windräder wiederaufgebaut, die noch vor 50 Jahren
das in der Ebene reichlich vorhandene Grundwasser zur Feld-
bewässerung förderten. Heute haben Elektropumpen ihre Auf-
gabe übernommen. Das erspart den Bauern viel Arbeit, denn
sie müssen die Leinensegel abends nicht mehr einholen und
morgens wieder aufspannen. Seit 5000 Jahren ernährt die

Landwirtschaft die Bewohner. Angebaut werden traditionell vornehmlich Getreide und Hülsenfrüchte, heute aber auch Kartoffeln, Bohnen und verschiedene Obstsorten – Olivenbäume gedeihen in dieser Höhenlage nicht.

Rechts der Straße lädt das aufgelöste **Kloster Vidianís** aus dem 19. Jh. zu einem kurzen Besuch ein. Einige Ikonen in der Klosterkirche weisen noch Einschüsse aus dem Zweiten Weltkrieg auf. Durch fast menschenleere Dörfer geht es weiter nach **Psychró** mit der Diktäischen Grotte (→ S. 183), in der Göttervater Zeus seine frühe Kindheit verbracht haben soll. Größtes Dorf der Hochebene ist **Ágios Geórgios** mit zwei kleinen Museen: Das Volkskundliche Museum zeigt den Wohnstil der Lassíthi-Bauern vor etwa 100 Jahren, das Venizélos-Museum erinnert mit Fotos und Dokumenten an den kretischen Staatsmann (beide tgl. 10–16 Uhr, Eintritt 3 €).

ZURÜCK RICHTUNG KÜSTE

Beim idyllisch auf einem kleinen Fels gelegenen **Kloster Kroustallénias** kann man die Hochebene verlassen. Die Straße passiert zwei große Aussichtslokale und erreicht auf 1000 m Höhe die Passhöhe, hinter der es auf schmaler, kurvenreicher Straße wieder hinuntergeht Richtung Küste. In **Mésa Potámi** lohnt die Taverne Mariánna wegen ihrer einzigartig dekorierten Terrasse zumindest den Stopp für eine Kaffeepause. Unbedingt halten sollte man auch am Ortsausgang von **Zénia** am »Gesamtkunstwerk« von Manólis Farsáris, das er »moutsounás« genannt hat. Es besteht aus einer einfachen Café-Taverne, mehreren Souvenirgeschäften, einem kleinen volkskundlichen Museum und fällt durch die vielen originellen Ideen seines Inhabers ins Auge: Kinder können mit einer Zwille auf eine Zielscheibe schießen, wer mag, kann mit leeren grünen und weißen Flaschen auf einem aufgemalten Spielbrett Dame spielen. Wer wiederkommen will, wirft eine Münze in den Wunschbrunnen, alle Fahrzeuge, die die Familie je besaß, sind museal am Straßenrand aufgereiht.

Nach weiteren 20 Minuten kurvenreicher Fahrt sind dann das Städtchen **Neápolis** und die Schnellstraße erreicht.

WISSENSWERTES

Zwischen 1550 und 1450 v. Chr. wurde das
berühmte Stierfresko von Knossós geschaffen,
das die kultischen Stiersprünge dokumentiert.

SERVICE

Anreise und Ankunft
Mit dem Flugzeug
Charterflugzeuge verbinden in den Sommermonaten fast alle Verkehrsflughäfen in den deutschsprachigen Ländern mit der Inselhauptstadt Iráklio (HER); von einigen Flughäfen bestehen Direktverbindungen nach Chaniá (CHQ). Über Athen erreicht man die Städte Iráklio, Sitía und Chaniá ganzjährig per Linienflug. Die griechischen Fluggesellschaften Aegean Airlines und Olympic Air sind Mitglieder der Star Alliance.

Vom Flughafen Iráklio fährt man am besten per Taxi zum Hotel. Ins Stadtzentrum oder zum Busbahnhof verkehren Linienbusse 100 m vor dem Flughafengebäude.

Der Flughafen Chaniá liegt 15 km außerhalb der Stadt auf der Halbinsel Akrotíri. Von hier aus fahren Linienbusse ins Stadtzentrum und nach Réthimno.

Mit dem Schiff
Es bestehen keine Direktverbindungen zwischen Italien und Kreta. Man fährt von Venedig oder Ancona nach Pátras und weiter nach Piräus, wo man umsteigt.

Der Fährhafen von Iráklio liegt nah am Zentrum und zentralen Busbahnhof, der Fährhafen von Chaniá 7 km östlich in der Soúda-Bucht. Zu den Schiffsankünften und -abfahrten besteht Busanschluss ins Zentrum.

Auskunft
In Deutschland, Österreich und der Schweiz
– **Griechische Zentrale für Fremdenverkehr (EOT):** www.visitgreece.gr
– **Offizielle Tourismus-Webseite von Kreta:** www.incrediblecrete.gr

Buchtipps
Hislop, Victoria: Insel der Vergessenen. Aus dem Englischen von Angelika Felenda (2005). Packender, historischer Roman über die Leprakolonie auf Spinalonga.

Kästner, Erhart: Kreta. Aufzeichnungen aus dem Jahr 1943. Kästner verfasste im Auftrag des deutschen Propagandaministeriums Bücher über Griechenland für die kämpfenden Truppen.

Karystiáni, Ioánna: Schattenhochzeit. Aus dem Griechischen von Michaela Prinzinger (2003). Spannender Roman über die Vendetta und eine lang verzögerte Heimkehr des Naturwissenschaftlers Kyriákos Roussiás nach Kreta.

Kazantzákis, Níkos: Freiheit oder Tod (1953). Aus dem Griechischen übersetzt von Helmut von den Steinen. Ein Roman über Freiheitsliebe, Aufstände gegen die Osmanen und die *leventiá*.

Kazantzákis, Nikos: Alexis Sorbas (1946). Aus dem Griechischen übersetzt von Alexander Steinmetz. Romanvorlage für den Filmklassiker, der auf Kreta gedreht wurde.

Kelletat, Andreas: Der Held von Réthymnon. Aus den Papieren des Fallschirmjägers Kuno Sottkowski (2017). Ein dokumentarischer Roman des Sohnes über seinen auf Kreta im Zweiten Weltkrieg kämpfenden Vater.

Modick, Klaus: Der kretische Gast (2003). Ein spannender, halb fiktiver, halb historischer Roman. Der Held des Romans ist ein Archäologe, der 1943 im Auftrag der Wehrmacht nach Kreta reist. In der Person ist unschwer der deutsche Schriftsteller Erhart Kästner zu erkennen.

Prevelákis, Pantelís: Die Chronik einer Stadt (1937). Aus dem Griechischen von Gisela von der Trenck. Eine Erzählung über das Réthimno in den 1920er-Jahren.

Theodorákis, Míkis: Bis er wieder tanzt (2001). Interessante Autobiografie des Giganten der griechischen Musikgeschichte.

Diplomatische Vertretungen

Deutsches Honorarkonsulat Iráklio

Dikeossínis 7 | Iráklio | Tel. 28 10 22 62 88 | iraklion@hk-diplo.de

Deutsches Honorarkonsulat Chaniá

(auch für den Verwaltungsbezirk Réthimno zuständig)
Digéni Akríta 1 | Chaniá | Tel. 28 21 06 88 76 | chania@hk-diplo.de

Österreichisches Honorarkonsulat

Miltiádi Karatzí 74 | Néa Alikarnas-
sós | Iráklio | Tel. 28 10 33 14 97 |
austrianconsul@cretanholidays.gr

Schweizer Botschaft

Iassiou 2 | Athen | Tel. 21 07 23
03 64 | www.eda.admin.ch/athens

Feiertage

1. Januar Neujahr und Fest
des Hl. Vassilis
6. Januar Dreikönigstag
15. März Rosenmontag 2021
7. März Rosenmontag 2022
25. März Nationalfeiertag (Un-
abhängigkeitstag)
30. April Karfreitag 2021
22. April Karfreitag 2022
2./3. Mai Ostersonntag/-Mon-
tag 2021
17./18. April Ostersonntag/
-montag 2022
1. Mai Tag der Arbeit
20./21. Juni Pfingstsonntag/
-montag 2021
12./13. Juni Pfingstsonntag/
-montag 2022
15. August Mariä Himmel-
fahrt
28. Oktober Ochi-Tag: Nationalfeiertag
4. Dezember: Tag der Hl.
Barbara (nur in Réthimno)
25./26. Dezember Weihnach-
ten

Kleidung

Kirchen und Klöster sollten
nur in angemessener Klei-
dung betreten werden (keine
Shorts, bedeckte Schultern,
mancherorts werden entsprechend Tücher ausgehändigt).
Die Kreter unterscheiden in
der Regel deutlich zwischen
Strand- und Stadtkleidung.

Bis April sind Hotels häufig nur dürftig beheizt. War-
me Kleidung und Regen-
schutz sollten in dieser Zeit
daher im Gepäck nicht fehlen.

Links und Apps

www.visitgreece.gr
Die offizielle Homepage der
Griechischen Zentrale für
Fremdenverkehr mit vielen
Links (englisch).

www.culture.gr
Die Homepage des Kultusmi-
nisteriums bietet ausführliche
Darstellungen von griechischen Museen und Ausgra-
bungsstätten (englisch).

www.diablog.eu
Das wohl beste zweisprachige
Webportal zur zeitgenössi-
schen griechischen Kultur
und gleichzeitig eine wichtige
Plattform des deutsch-grie-
chischen Austauschs.

Cretan Beaches

Gratis-App mit ausführlichen Beschreibungen und Fotos von Stränden (englisch).

Crete Street Map

Nach dem kostenpflichtigen Download stehen aktuelle Kreta-Karten mit vielen Details auch offline zur Verfügung. Englischsprachig.

Medizinische Versorgung

Die Kosten für ärztliche Behandlungen im Ausland werden von den gesetzlichen und Ersatz-Krankenkassen übernommen, sofern es sich um einen akuten Fall handelt und die medizinische Versorgung noch am Urlaubsort erfolgen musste. Manchmal müssen die Behandlungskosten sofort beglichen werden. Dann benötigt man für die Rückerstattung eine quittierte Rechnung mit Übersetzung. Der Abschluss einer Auslandsreise-Krankenversicherung und einer Versicherung für den Krankenrücktransport ist gegebenenfalls zu empfehlen.

Museen und Ausgrabungen

Die Öffnungszeiten von Museen und Ausgrabungsstätten ändern sich häufig. Kernöff-nungszeiten von staatlichen Museen und Ausgrabungen sind auch im Winter 8.30–15 Uhr; montags ist oft Ruhetag. Häufig wird Kindern, Jugendlichen und Studenten aus EU-Ländern nach Vorlage eines Schüler-/Studentenausweises freier Eintritt oder ein Rabatt gewährt.

Notruf

Euronotruf Tel. 112 (Polizei, Feuerwehr, Rettungsdienst)

Post

Kretas Postämter sind Mo–Fr von 7.30–14 Uhr geöffnet. Postkarten nach Mitteleuropa werden mit 0,85 € frankiert. Die Briefkästen sind gelb.

Reisedokumente

Für Bürger der EU und der Schweiz genügen zur Einreise der Personalausweis bzw. die Identitätskarte. Kinder benötigen eigene Reisedokumente.

URLAUBSKASSE	
1 Tasse Kaffee	2,00–4,00 €
1 Bier	ab 2,50 €
1 Cola	ab 1,80 €
1 Brot (ca. 1 kg)	1,50 €
1 Schachtel Zigaretten	ab 4,00 €
1 Liter Benzin	1,60 €
Mietwagen/Tag	ab 40,00 €

Ein Eintrag im Reisepass der Eltern reicht nicht mehr aus. Bei Verlust haben sich Kopien der Ausweise als hilfreich erwiesen.

Reiseknigge

Das Gefühl für Dauer und Zeit: In Griechenland unterscheidet es sich vehement von dem, was Mitteleuropäer in der Regel gewöhnt sind. Was ist eine halbe Stunde in einem Land, das auf eine 5000-jährige Geschichte und Kultur zurückblickt! Nehmen Sie sich Zeit, Sie sind im Urlaub.

Die griechische Gastfreundschaft: Sie ist berühmt, die *philoxenía*. Eine Einladung zu verweigern, gilt als beleidigend, allerdings sollten diese auch erwidert werden.

Kommunikation: Zwei, drei griechische Wörter sind oft das »Sesam, öffne dich« in die Herzen der Menschen, der Rest läuft über Gestik und Englisch. Gewöhnen Sie sich daran zuzuhören, und stellen Sie keine kategorischen Vergleiche an. In der Politik sollte man sich gut auskennen oder das Thema vermeiden.

Kirchen und Klöster: Gäste sind stets willkommen, allerdings in korrekter Kleidung.

Verhalten Sie sich zurückhaltend, keiner erwartet, dass Sie die griechischen Sitten (wie das Küssen der Ikonen) imitieren. Die Hände sollten Sie nicht hinter dem Rücken verschränken. Es versteht sich von selbst, dass während der Gottesdienste nicht fotografiert oder gefilmt wird.

Nacktbaden: Oben ohne ist nur an speziellen FKK-Stränden erlaubt. Die Griechin lässt auch oben die Hüllen an.

Rauchen: Das Rauchen in allen öffentlichen Gebäuden und Verkehrsmitteln, in Flughäfen, Tavernen, Diskotheken, Cafés und Bars ist verboten. Hotels dürfen jedoch Raucherzimmer anbieten.

Restaurantbesuche: In Griechenland ist es unüblich, dass nach einem gemeinsam eingenommenen Mahl jeder sein eigenes Essen bezahlt. Das Streiten darüber, wer die Rechnung für alle begleichen darf, gehört dabei zum Spiel. Man sollte aber darauf achten, selbst auch einmal für alle zu bezahlen.

Reisezeit

Die Saison beginnt im April und endet im Oktober. Am kältesten ist es im Februar, am heißesten im Juli. Die regenreichsten Monate sind Januar–März. Fast ohne Regen sind Juni, Juli und August. Zwischen Mai und August wehen häufig heiße, trockene Südwinde. Im Hochsommer kann das Thermometer bisweilen auf über 40 °C steigen; an der Südküste ist es immer ein paar Grad wärmer als an der Nordküste.

Sicherheit
Kreta ist trotz der griechischen Wirtschafts- und Finanzkrise immer noch eine der sichersten Urlaubsinseln Europas. Die Kriminalitätsrate ist niedrig. Wie überall auf der Welt sollte man sich aber auch hier besonders im Gedränge vor Taschendieben in Acht nehmen und keine Wertgegenstände sichtbar im Auto liegen lassen.

Strände
Kretas zahlreiche Strände sind allesamt frei zugänglich. Es gibt weder Privatstrände noch Kurtaxe. Eine regelmäßige Reinigung findet nur dort statt, wo Hoteliers oder Tavernenbesitzer ein Interesse daran haben. Die meisten Gemeinden können gerade

einmal die Reinigung des Strandes von Seetang und anderen winterlichen Anspülungen finanzieren, die oftmals erst im Mai vorgenommen wird. Ein organisierter Strandrettungsdienst (»Baywatch«) ist auf Kreta nahezu unbekannt. Sonnenschirme und Liegestühle werden vor allen Hotels, vor vielen Tavernen und selbst an vielen abgelegenen Strände vermietet; meist zahlt man für einen Schirm inkl. zwei Liegen etwa 5–8 € am Tag.

Strom
Die Stromspannung beträgt 220 Volt. Alle Elektrogeräte mit Flachstecker können problemlos verwendet werden.

Telefon
Vorwahlen
D, A, CH ▸ Griechenland
00 30
Griechenland ▸ D 00 49
Griechenland ▸ A 00 43
Griechenland ▸ CH 00 41

Anschließend muss man für Griechenland die zehnstellige Teilnehmerrufnummer, für die deutschsprachigen Länder die Vorwahl der gewünschten Stadt ohne die

Null wählen. Innerhalb der EU fallen keine Roaming-Gebühren mehr an.

Verkehr
Auto
Der nationale Führerschein ist ausreichend. Die internationale grüne Versicherungskarte sollte dabeihaben, wer mit dem eigenen Auto einreist. Die Hauptstraße entlang der Nordküste, die »New Road«, ist gut ausgebaut, jedoch schwach ausgeleuchtet in den Nachtstunden. Die Kfz-Werkstätten sind Meister im Improvisieren. Ein Problem ist in den Städten allerdings das Parken: Bewachte Parkhäuser gibt es kaum, Parkplätze sind rar.

Busse
Busse fahren auf der Insel nach festen Fahrplänen und sind im Allgemeinen pünktlich. Fahrpläne sind meistens an den Busbahnhöfen erhältlich. In den Städten kauft man die Fahrkarten im Voraus an den Busbahnhöfen. Wer unterwegs zusteigt, löst seine Fahrkarte direkt im Bus. Innerstädtische Buslinien gibt es in Iráklio, Réthimno, Chaniá und Ágios Nikólaos.

Das Busfahren auf Kreta ist preiswert: Pro Kilometer werden etwa 16 Cent berechnet, Kinder von vier bis zwölf Jahren zahlen nur die Hälfte. Rückfahrkarten, preisgünstige Wochenkarten oder Touristenpässe allerdings gibt es nicht. Die aktuellen Busfahrpläne für alle Haupt- und viele Nebenstrecken findet man auch im Internet.
www.e-ktel.com (für West-Kreta)
www.ktelherlas.gr (für Ost- und Zentralkreta)

Mietwagen/-Fahrräder
Mietwagen, -motorräder und -fahrräder werden in nahezu allen Urlaubsorten und Städten in großer Zahl angeboten. Zur Kraftfahrzeuganmietung genügt hier der nationale Führerschein.

Zeit
In Griechenland gilt die Osteuropäische Zeit (MEZ + 1 Std.). Die Umstellung zwischen Sommer- und Winterzeit erfolgt zum gleichen Termin wie bei uns (letzter So im März, letzter So im Oktober).

Zoll
www.zoll.de, www.bmf.gv.at/ zoll, www.zoll.ch

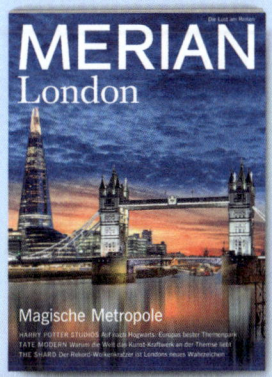

ab 7. Jt. v. Chr.

ca. 2000–1700 v. Chr.

Erste Besiedlung Kretas durch anatolische oder afrikanische Siedler

Altpalastzeit: Wirtschaftlicher
Erfolg führt zum Bau hochkom-
plexer Paläste.

Vorpalastzeit: Die eigenständige minoische Kultur entwickelt sich durch Handel
und Metallverarbeitung.

Neupalastzeit: Nach einer Naturkatas-
trophe entstehen noch prächtigere
Paläste, es ist die Blütezeit der minoi-
schen Kultur, die Minoer entwickeln die
Linear-A-Schrift. Erneut beendet eine
Naturkatastrophe die Ära.

ca. 2600–2000 v. Chr.

ca. 1700–1400 v. Chr.

1450–1100 v. Chr.

Nachpalastzeit: Kreta steht ´unter mykenischem Einfluss. Die Mykener entwickeln aus der minoischen Linear-A-Schrift die Linear-B-Schrift.

961

Der byzantinische Feldherr **Nikephóros Phokás** gewinnt Kreta von den Arabern zurück.

Die **Römer** verleiben Kreta in ihr Imperium ein. Provinzhauptstadt ist Górtis.

67 v. Chr.

Kreta wird Teil des **Oströmischen Reiches** (Byzanz).

395 n. Chr.

Aus Córdoba vertriebene muslimische Flüchtlinge überfallen Kreta. Ein **Sarazenen-Heer** plündert Górtis und die ganze Insel.

826

1204–1669

Nach der Eroberung Konstantinopels durch **Venedig** gelangt die Insel in dessen Besitz.

1866

Fast 1000 Kreter – Mönche, Männer, Frauen und Kinder – sprengen sich angesichts der Belagerung von 15 000 Türken im **Kloster Arkádi** in die Luft.

Die **Osmanen** erobern 1645 Chaniá, nehmen 1646 Réthimno und nach 21-jähriger Belagerung 1669 auch Iráklio ein.

1645–1646

Auf Verlangen der Großmächte ziehen die Türken von Kreta ab; **die Insel wird autonom**.

1898

20. Mai 1941

1913
Kreta wird mit dem griechischen Mutterland **vereinigt**.

Deutsche Invasion **»Operation Merkur«** aus der Luft. Die 13-tägige Schlacht um Kreta fordert über 5400 Menschenleben und fast 1800 Vermisste.

Der griechische Versuch einer Wiederbesiedlung antiker hellenischer Gebiete endet mit einer **Katastrophe**. Zahlreiche Griechen aus Kleinasien werden auf Kreta angesiedelt, die letzten muslimischen Kreter müssen im Gegenzug die Insel verlassen.

Die **deutsche Wehrmacht** begeht, offiziell als Reaktion auf Partisanentätigkeit, zahlreiche **Kriegsverbrechen** auch gegen die Zivilbevölkerung und brennt viele Dörfer ab.

1922/1923

1941–1944/45

1945–1949

Als Folge der Besatzung wütet ein erbitterter **Bürgerkrieg** zwischen Kommunisten und Royalisten. Er endet mit der Wiedereinführung der Monarchie.

7. Juli 2019

Mit der Wahl des Oppositionsführers **Kyriákos Mitsotákis** zum Ministerpräsidenten kehrt eine kretische Politikerdynastie zurück an die Macht. Die Kreter, die traditionell links wählen, geben ihre Stimme Aléxis Tsípras (SYRIZA).

Beginn einer siebenjährigen **Militärdiktatur** in Griechenland. Die NATO richtet auf der Halbinsel Akrotíri einen Übungsplatz für Luftverteidigungssysteme ein.

1967

Griechenland kann nur durch internationale Finanzhilfen, Steuererhöhungen und Sparmaßnahmen vor dem **drohenden Staatsbankrott** bewahrt werden.

seit 2010

IMPRESSUM

BILDNACHWEIS

Titelbild (Statue in Ágios Nikólaos), Getty Images: Joe Daniel Price
Agentur Bilderberg: Klaus D. Francke 156 | Alamy: Hackenberg-Photo-Cologne 169 | CC BY 3.0: O.Tausch 218 u. |
dpa picture alliance: Rainer Hackenberg 224, Sueddeutsche Zeitung Photo 164 | Ellen Katja Jaeckel 7, 160, 195, 199 |
gemeinfrei Klappe hinten, 29, 219, 220 | Getty Images: DEA/ARCHIVIO J. LANGE 76 | Getty Images: Universal
Images Group/Werner Forman 208/209 | Huber Images: Giovanni Simeone 37, Massimo Ripani 133, Reinhard
Schmid 53, 56, 97, 107, 139, 145, 185, 206 | Interfoto: Danita Delimont/Scott T. Smith 15, Mary Evans/Grenville
Collins Postcard Collection 20, Mary Evans/Grenville Collins Postcard Collection 26 | Jahreszeiten Verlag: Arthur F.
Selbach 11, 123, 128 | laif: Berthold Steinhilber 79, Christian Heeb 71, Dagmar Schwelle 45, Franck Guiziou/hemis
182, hemis.fr/Bertrand Gardel 203, hemis.fr/Franck Guiziou 8/9, hemis/Franck Guiziou 191, hemis/Jean-Pierre
Degas 116, 119, Tobias Gerber 13, 19, 30, 84, 89, 101, 120, 137, 153, 173, 188, 200/201 | mauritius images: Alamy/
Hackenberg-Photo-Cologne 43, 104, Alamy/Hercules Milas 64, Alamy 38, 150, Chromorange/Thomas Manok 50/51,
CuboImages 87, imageBROKER/Hans Blossey 149, Prisma 192, Westend61/Martin Siepmann 90 | Milia Mountain
Retreat: Vassilis Kotrotsos 134 | Olive Green Hotel 67 | plainpicture: Westend61/Michael Zegers 98 | Seasons Agency:
Arthur F. Selbach 127 | Shutterstock.com: Andrei Nekrassov 218 o. | Shutterstock.com: Andrey Pozharskiy 75 |
Shutterstock.com: Bildagentur Zoonar GmbH 108 | Shutterstock.com: 163, Cezary Wojtkowski 142, Georgios Tsichlis
196, Heracles Kritikos 24, 159, id-art 174, Juha Saastamoinen 222, Lucian Bolca 49, Luxerendering 94, Nicolas
Economou 35, Pecold 63, photoff 177, proslgn 23, vagrig 111, Xronos 170, Aphotog 59 | www.avli.com 146

Liebe Leserin, lieber Leser,

wir freuen uns, dass Sie sich für diesen MERIAN Reiseführer entschieden haben. Unsere
Autoren und Autorinnen sind für Sie unterwegs und recherchieren sehr gründlich, damit
Sie mit aktuellen und zuverlässigen Informationen auf Reisen gehen können. Dennoch
lassen sich Fehler nie ganz ausschließen. Wir bitten um Verständnis dafür, dass der Verlag
keine Haftung übernehmen kann.

Ihre Meinung ist uns wichtig. Bitte schreiben Sie uns:
GRÄFE UND UNZER VERLAG
Postfach 86 03 66, 81630 München, www.merian.de

PEFC
PEFC/18-31-506

Leserservice

merian@graefe-und-unzer.de
Tel. 0 800 / 72 37 33 33 (gebührenfrei in D, A, CH), Mo-Do 9-17 Uhr, Fr 9-16 Uhr

© 2020 GRÄFE UND UNZER VERLAG
GmbH, München
MERIAN ist eine eingetragene Marke der
GANSKE VERLAGSGRUPPE.

1. Auflage 2020

Alle Rechte vorbehalten. Nachdruck, auch
auszugsweise, sowie die Verbreitung durch
Film, Funk, Fernsehen und Internet, durch
fotomechanische Wiedergabe, Tonträger
und Datenverarbeitungssysteme jeglicher
Art nur mit schriftlicher Genehmigung des
Verlages.

**Bei Interesse an maßgeschneiderten
B2B-Editionen:**
roswitha.riedel@graefe-und-unzer.de
Bei Interesse an Anzeigen:
KV Kommunalverlag GmbH & Co. KG
Tel. 0 89/9 28 09 60
info@kommunal-verlag.de

Verlagsleitung Reise: Grit Müller
Verlagsredaktion: Susanne Kronester
Autoren: Ellen Katja Jaeckel,
Giorgos Christonakis, Klaus Bötig
Redaktion: Gudrun Raether-Klünker
Bildredaktion: Dr. Nafsika Mylona
Schlussredaktion: Oliver Kiesow
Reihengestaltung: Independent Medien
Design, Horst Moser, München
Karten: Huber Kartographie GmbH für
Gräfe und Unzer Verlag GmbH
Satz: Anja Linda Dicke
Herstellung: Renate Hutt
Druck und Bindung:
Printer Trento, Italien

GRÄFE
UND
UNZER

Ein Unternehmen der
GANSKE VERLAGSGRUPPE

KRETA EN DETAIL

Es gab eine Zeit, da waren die Hähne die Wecker, die Kirchglocke die Uhr und die Sonne das Licht. Statt mit Musikbeschallung empfingen die Händler ihre Kunden mit aufmunternden, persönlichen Worten, und die Vogelstimmen waren lange vor den Mobilfunkgeräten der einzige Piep-Ton. Aus jener fernen Zeit stammen die **Messing-Türklopfer,** die die Häuser in Réthimnos Altstadt bis heute schmücken. Es sind kunstvoll verzierte geschwungene Hände, Greifvögel, Löwenköpfe, Schlangen und andere Tier- und Fabelwesen an schweren, uralten Holztüren und Toren. Kein surrender Klingelton, kein elektronisch gesteuertes durchdringendes sirenengleiches Heulen, sondern ein starkes Klopfen von Metall auf Holz, weithin hörbar und doch nicht störend. In Antiquitätenläden und alten Handwerksbetrieben findet man Türklopfer als schönes Souvenir.

Der Osten Kretas

Kretiso

Día

Réthimno 6
Pigi
Adele
Míli Kiriána
Rousopíti
Pánormos Bali
Péraman Melidóni
Margaritas 4
Eleftherna
M. Arkádi 7
Apóstoli
Óros Ídi
Agía
Pelagía
Fódele
Savathiánon Rogdiá
Rogdiá
Ammoudára
M. Chalépas
Axós Anógia
Sklavokámpos
Tilissos
Korfés
Iráklio 1
Amnissós
Knossós
Nírou
Cháni
Liména
Chersó
Chersó-
nissou Stalída
Skotinó Mochós
M. Angaráthou 2
Mirtiá
Potamiés
Kastélli Lyttós
Vónin Thrapsanó
Lassíthi
Psychró
Óro

Nomós
Rethímnis
Spíli
Gerakári
Asómatos
Káto M.
Préveli
Akoúmia
Préveli
Psiloritís
Four- 2456
fourás Nída-
Hochebene
Idéon
Ándron
Zonianá
Asítes Káto
Pr. Ilías
Venerato
Rhizénia
Archánes
Vathípetro
Tal von
Amari 5
Plátanos
M. Vrond-
dissi
Kamáres
M. Varsamónero
Zarós
M. Pafianí
Ág. Geórgios
Epánosifí
Arkalochóri
Ligórtinos
Garipa
Keratókambos
Áno Viánn
Nomós Iráklion

Agía Galíni
Kókkinos Pírgos
Agía Triáda
Kalamáki
Kómo
Mátala
Paximádia
Timbáki
Vóri
Míres
Agíi Déka
Górtis 3
Messará
Festós 3
Plátanos
Kamilári
Pitsídia
Asteroússia Óri
M. Odigitría
Láséa
Kalí Liménes
Léndas
Levín
Protória
Charakás
Pírgos
Kófinas Óros
1231
Mesochóri

Kólpos
Messarás

© MERIAN-Kartographie

N

0   24 km